AI Programmeren voor Beginners

Een Technische Inleiding tot Kunstmatige Intelligentie met Python

versie: Python 3

Inhoud

Voorwoord

Welkom! Dit boek is bedoeld voor iedereen die geïnteresseerd is in programmeren en kunstmatige intelligentie (AI), met een speciale focus op Python – een van de populairste en meest toegankelijke programmeertalen ter wereld. Of je nu een absolute beginner bent of al enige ervaring hebt, dit boek helpt je bij het opbouwen van een solide basis in programmeren en AI.

Leren programmeren en werken met AI is een **reis, geen race**. Het kan soms uitdagend zijn, maar geduld en oefening zijn de sleutels tot succes. Iedereen leert op zijn of haar eigen tempo, en door fouten te maken leer je hoe je je code kunt verbeteren. Dit boek zal je begeleiden bij het ontdekken van de fundamenten van Python en hoe je AI-modellen kunt bouwen en inzetten.

Het kan verleidelijk zijn om meteen met geavanceerde AI-modellen te beginnen, maar zonder een goed begrip van de basisprincipes van Python wordt dat lastig. Zorg ervoor dat je weet hoe **variabelen, loops en functies** werken voordat je aan complexere AI-algoritmes begint.

De beste manier om te leren programmeren en AI-modellen te bouwen, is door **zelf code te schrijven en te experimenteren**. In dit boek zul je veel hands-on oefeningen tegenkomen. Lees niet alleen de voorbeelden, maar voer ze ook uit en probeer ze aan te passen.

Kunstmatige intelligentie is een breed vakgebied, maar we beginnen met eenvoudige **machine learning-concepten**. Eerst leer je hoe je met data werkt, vervolgens hoe je modellen traint en uiteindelijk hoe je ze inzet in een echte toepassing.

Programmeren en AI ontwikkelen zich continu. Plan daarom tijd om te oefenen. Hoe vaker je code schrijft, hoe sneller je nieuwe concepten oppikt.

Loop je vast? Er zijn talloze **online communities** waar je vragen kunt stellen en feedback kunt krijgen. AI is een dynamisch vakgebied, dus blijf jezelf uitdagen met nieuwe projecten en ideeën. Ik wens je veel succes en plezier op je leerreis. **Programmeren en AI ontdekken is een avontuur – geniet ervan!**

DEEL 1: Basis programmeren met Python

1. Wat is programmeren?

Programmeren is het schrijven van instructies voor een computer. Een computer begrijpt alleen heel eenvoudige en precieze opdrachten. Als je wilt dat een computer iets doet, moet je stap voor stap uitleggen wat er moet gebeuren. Dit doe je met een programmeertaal, zoals Python.

Waarom programmeren?

Programmeren helpt ons om taken automatisch uit te voeren. Denk bijvoorbeeld aan een rekenmachine-app op je telefoon. In plaats van zelf moeilijke sommen uit te rekenen, voert de app het voor je uit. Dit werkt omdat een programmeur de juiste stappen in code heeft geschreven. Programmeren maakt het leven makkelijker en helpt bij het oplossen van problemen.

Hoe werkt een programma?

Een programma is een reeks instructies die de computer moet uitvoeren. Stel je voor dat je een boterham met pindakaas wilt maken. Je kunt de stappen zo opschrijven:

1. Pak een boterham.
2. Pak een pot pindakaas.
3. Gebruik een mes om pindakaas op de boterham te smeren.
4. Leg een tweede boterham erbovenop.

Als een computer dit zou moeten doen, zou je deze stappen in code moeten schrijven. Dit heet **algoritmisch denken**: nadenken over duidelijke en logische stappen.

Een eerste voorbeeld in Python

Laten we een simpel voorbeeld bekijken in Python. Stel dat je een computer wilt laten zeggen: "Hallo, wereld!". Dit kan met de volgende code *(geel gemarkeerd text is altijd bedoeld as code in het boek)*:

```
print("Hallo, wereld!")
```

Wanneer je dit uitvoert, zal de computer precies die tekst op het scherm tonen. Dit is een basisprincipe van programmeren: je geeft een opdracht, en de computer voert het uit.

Computertaal versus menselijke taal

Mensen praten met woorden en zinnen, maar computers begrijpen alleen binaire code (nullen en enen). Programmeertalen zoals Python vertalen jouw instructies in een taal die de computer begrijpt. Hierdoor kun je met eenvoudige Engelse woorden en symbolen instructies schrijven, zonder direct nullen en enen te hoeven gebruiken.

Wat kun je met programmeren?

Programmeren wordt overal gebruikt. Hier zijn een paar voorbeelden:

- **Games**: Computerspellen zoals Minecraft en Fortnite worden gemaakt met code.
- **Websites**: Websites zoals Google en Facebook werken door programma's.
- **Apps**: Apps op je telefoon, zoals WhatsApp of TikTok, zijn geprogrammeerd.
- **Slimme apparaten**: Een slimme thermostaat of robotstofzuiger gebruikt code om beslissingen te nemen.

Samenvatting

Programmeren is een manier om een computer opdrachten te geven. Dit doe je met een programmeertaal, zoals Python. Het helpt bij het automatiseren van taken en wordt in veel verschillende gebieden gebruikt. In de volgende hoofdstukken leer je hoe je zelf kunt programmeren met Python!

2. Installatie en eerste stappen

Python is een programmeertaal die je helpt om op een eenvoudige manier software te maken. Het is een taal die veel gebruikt wordt door beginners, maar ook door bedrijven en wetenschappers. Python is makkelijk te lezen en te leren. Daarom is het een goede keuze om mee te beginnen als je wilt leren programmeren.

Met Python kun je bijvoorbeeld:
- Rekensommen maken
- Teksten bewerken
- Programma's schrijven die beslissingen nemen
- Kleine spelletjes bouwen
- Data analyseren

Voordat we aan de slag gaan met programmeren, moeten we Python op onze computer installeren.

Om met Python te werken, moeten we het eerst op de computer installeren. Dit kan op Windows, macOS en Linux.

Python downloaden

1. Ga naar de website van Python: https://www.python.org.
2. Klik op de knop **Download Python** (de nieuwste versie wordt automatisch voorgesteld). *Wij gebruiken in onze voorbeelden de versie 3.*
3. Open het gedownloade bestand en volg de instructies om Python te installeren.

⚠ **Belangrijk:** Tijdens de installatie moet je een vinkje zetten bij **"Add Python to PATH"**. Dit zorgt ervoor dat je Python vanuit elke map op je computer kunt gebruiken.

Controleren of Python werkt

Als de installatie klaar is, kun je controleren of Python goed is geïnstalleerd:

1. Open de **Opdrachtprompt (Windows)** of **Terminal (macOS/Linux)**.

2. Typ het volgende commando en druk op **Enter**:
python --version

3. Als alles goed is gegaan, zie je een melding zoals:
Python 3.x.x

Dit betekent dat Python correct is geïnstalleerd.

Een programmeeromgeving kiezen

Om met Python te programmeren, heb je een **IDE** (Integrated Development Environment) of een **teksteditor** nodig. Dit is een programma waarin je code kunt schrijven, testen en uitvoeren. **Wij gebruiken Thonny.**

Voor beginners is **Thonny** een goede keuze. Dit is een eenvoudige programmeeromgeving speciaal gemaakt voor mensen die leren programmeren.

Thonny installeren:

1. Ga naar https://thonny.org.
2. Download en installeer Thonny zoals een normaal programma.
3. Open Thonny en je ziet een eenvoudig venster waarin je direct kunt beginnen met programmeren.

In Thonny kun je code schrijven en meteen zien wat er gebeurt als je op de **"Run"** knop drukt.

Andere programmeeromgevingen

Er zijn ook andere programma's waarmee je Python-code kunt schrijven:

- **IDLE** (zit standaard bij Python) → Simpel en lichtgewicht
- **PyCharm** (gratis en betaalde versie) → Voor grotere projecten
- **Visual Studio Code** → Veel functies, geschikt voor gevorderden
- **Jupyter Notebook** → Handig voor data-analyse en grafieken

Voor nu houden we het bij **Thonny**, omdat het overzichtelijk is en speciaal ontworpen is voor beginners.

Je eerste Python-programma

Nu we alles geïnstalleerd hebben, kunnen we ons eerste Python-programma schrijven:

1. Open **Thonny**.

Typ de volgende code in het venster:
```
print("Hallo, wereld!")
```

2. Druk op de **"Run"** knop (of druk op **F5**).
3. Je ziet de tekst **Hallo, wereld!** op het scherm verschijnen.

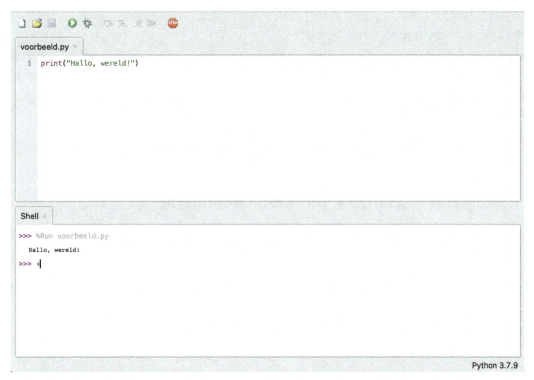

Dit is het eenvoudigste Python-programma. De **print()** functie zorgt ervoor dat tekst op het scherm wordt getoond.

Een simpele rekensom

Python kan ook rekenen. Probeer het volgende eens:

```
print(5 + 3)
```

Als je dit uitvoert, krijg je als antwoord:

```
8
```

Met Python kun je alle soorten berekeningen maken, zoals optellen (+), aftrekken (-), vermenigvuldigen (*) en delen (/).

Basisregels van Python

Om goed met Python te kunnen werken, moet je een paar basisregels kennen:

1. Let op hoofdletters en kleine letters:

Python ziet een verschil tussen **Hallo** en **hallo**.

```
print("Hallo")  # Dit werkt
```

```
Print("Hallo")  # Dit geeft een fout, want 'Print' moet 'print' zijn
```

2. Gebruik inspringingen (spaties aan het begin van een regel):

In Python gebruik je inspringingen om blokken code aan te geven, bijvoorbeeld bij **if-uitspraken** en **lussen**.

```
if 5 > 3:
```

```
    print("5 is groter dan 3")  # Dit werkt, omdat de regel is ingesprongen
```

3. Commentaar toevoegen met #:

Je kunt uitleg toevoegen aan je code met een **#**-teken. Dit heeft geen invloed op de werking van je programma.

```
# Dit is een commentaarregel
```

```
print("Dit wordt wel uitgevoerd")
```

Samenvatting

In dit hoofdstuk hebben we geleerd hoe je Python installeert en gebruikt. We hebben:
- *Python en Thonny geïnstalleerd*
- *Ons eerste programma geschreven*
- *Basisregels van Python geleerd*

3. Geschiedenis van Programmeertalen en Python

Programmeertalen bestaan al heel lang. De eerste programmeertalen werden gebruikt in de jaren 50 en 60. Toen waren computers groot en duur, en je moest ingewikkelde codes typen om ze te laten werken. Mensen bedachten programmeertalen om dit makkelijker te maken.

Veel programmeertalen hebben iets gemeen. Ze helpen de computer begrijpen wat je bedoelt. De meeste talen gebruiken wiskundige regels en logica om berekeningen en opdrachten uit te voeren. Ze hebben allemaal manieren om gegevens op te slaan (zoals getallen en tekst) en om beslissingen te nemen (zoals "als dit waar is, doe dan dat").

Programmeertalen kunnen op verschillende manieren worden gebruikt. Sommige zijn geschikt voor websites (zoals JavaScript), andere voor games (zoals C# en Unity), en weer andere voor het bouwen van slimme computersystemen (zoals Python en AI-programma's). Maar in de kern hebben ze allemaal hetzelfde doel: een manier bieden om met een computer te communiceren.

Het Ontstaan van Python

Python is een programmeertaal die in 1989 werd bedacht door Guido van Rossum, een Nederlandse programmeur. Hij wilde een taal maken die eenvoudig te leren en te lezen was. Veel programmeertalen uit die tijd waren ingewikkeld en moeilijk te begrijpen voor beginners. Python moest dat probleem oplossen.

De naam "Python" komt niet van de slang, maar van de Britse komedieserie *Monty Python's Flying Circus*. Guido van Rossum vond dat programmeren leuk moest zijn en koos daarom een grappige naam voor zijn taal.

Python werd officieel uitgebracht in 1991. Sindsdien is de taal steeds populairder geworden. Dit komt vooral doordat de code van Python kort en duidelijk is. Je hoeft niet veel regels te schrijven om iets te laten werken. Dit maakt het een goede taal voor beginners.

Python wordt tegenwoordig bijna overal gebruikt. Omdat het zo makkelijk te leren is, wordt het op scholen en universiteiten geleerd als eerste programmeertaal.

Bedrijven gebruiken Python voor allerlei toepassingen:

- **Websites en apps:** Grote bedrijven zoals Google en Instagram gebruiken Python om hun platforms te bouwen.
- **Data-analyse en kunstmatige intelligentie:** Python is een van de belangrijkste talen voor AI en machine learning. Bedrijven zoals Tesla gebruiken het om zelfrijdende auto's slimmer te maken.
- **Automatisering:** Veel bedrijven gebruiken Python om saaie taken automatisch te laten doen, zoals het verwerken van grote hoeveelheden data.
- **Games:** Hoewel Python niet de populairste gametaal is, wordt het soms gebruikt voor kleine spellen of om dingen in games te automatiseren.
- **Wetenschappelijk onderzoek:** Universiteiten en onderzoekers gebruiken Python om grote berekeningen en simulaties te doen.

Omdat Python zo veelzijdig is, blijft het een van de populairste programmeertalen ter wereld. Zowel beginners als professionele programmeurs werken ermee.

Samenvatting

Met deze informatie heb je een goed beeld van de geschiedenis van programmeertalen, hoe Python is ontstaan en waar het allemaal voor wordt gebruikt. Python is een krachtige taal, maar toch eenvoudig genoeg om mee te beginnen!

4. Variabelen, operators en expressies

Python is een programmeertaal waarmee je computers opdrachten kunt geven. Om goed te leren programmeren, is het belangrijk om te begrijpen hoe Python omgaat met gegevens (**datatypes**) en hoe je berekeningen kunt maken met **operators**. Daarnaast is het essentieel om te weten hoe je **variabelen** gebruikt om gegevens op te slaan.

Een **variabele** is een naam die je geeft aan een stukje informatie in je programma. In Python gebruik je variabelen om gegevens op te slaan, zodat je ze later kunt hergebruiken.

Variabelen aanmaken (Declareren)

In Python hoef je **geen** datatype vooraf te specificeren, zoals in andere talen (bijvoorbeeld `int` of `string` in Java of C++). Je declareert een variabele eenvoudig door een naam te kiezen en er een waarde aan toe te wijzen met het =-teken.

Voorbeeld:

```python
naam = "Alice"      # Een variabele met een tekst (string)

leeftijd = 25       # Een variabele met een heel getal (integer)

lengte = 1.75       # Een variabele met een kommagetal (float)

student = True      # Een variabele met een boolean (True of False)

print(naam)         # Output: Alice

print(leeftijd)     # Output: 25

print(lengte)       # Output: 1.75

print(student)      # Output: True
```

Python herkent automatisch het juiste datatype op basis van de waarde die je toewijst.

Regels voor het Gebruiken van Variabelen

Bij het benoemen van variabelen gelden de volgende regels:

- Een variabele **moet beginnen met een letter** (a-z, A-Z) of een **underscore (_)**.
- De rest van de naam mag bestaan uit **letters**, **cijfers** en **underscores**.
- Variabelen zijn **hoofdlettergevoelig** (Naam en naam zijn verschillende variabelen).
- Je mag **geen Python-gereserveerde woorden** gebruiken als variabelenaam (zoals print, if, for).
- Gebruik **duidelijke namen** die de betekenis van de variabele aangeven.

Fout voorbeeld:

```
2getal = 10    # ✘ FOUT! Een variabele mag niet met een cijfer beginnen
```

```
print = "Hallo"  # ✘ FOUT! "print" is een gereserveerd woord in Python
```

Goed voorbeeld:

```
getal2 = 10    # ■ Correct
```

```
mijn_naam = "Bob"  # ■ Correct
```

Waarden van Variabelen Wijzigen

Je kunt een variabele later in het programma een andere waarde geven.

Voorbeeld:

```
x = 5
```

```
print(x)  # Output: 5
```

```
x = 10    # Waarde wijzigen
```

```
print(x)  # Output: 10
```

Variabelen in Python kunnen ook van **datatype veranderen**. Dit betekent dat je een variabele die eerst een getal was, later een tekst kunt maken.

Voorbeeld:

```
a = 20   # Eerst een getal
a = "hallo"  # Nu een tekst (string)
print(a)  # Output: hallo
```

Meerdere Variabelen in Één Regel Toewijzen

Je kunt meerdere variabelen tegelijkertijd een waarde geven.

Voorbeeld:

```
a, b, c = 10, 20, 30
print(a, b, c)  # Output: 10 20 30
```

Als alle variabelen dezelfde waarde moeten krijgen, kun je dit als volgt doen:

```
x = y = z = 50
print(x, y, z)  # Output: 50 50 50
```

Variabelen Combineren in Expressies

Je kunt variabelen gebruiken in expressies met operators.

Voorbeeld met rekenkundige operators:

```
a = 10

b = 5

som = a + b

verschil = a - b

product = a * b

deling = a / b

print(som)     # Output: 15

print(verschil) # Output: 5

print(product)  # Output: 50

print(deling)   # Output: 2.0
```

Variabelen en Strings Combineren

Je kunt tekst combineren met variabelen door **f-strings** of **concatenatie**.

F-strings (Aanbevolen manier in Python 3.6+)
```
naam = "Emma"

leeftijd = 22

print(f"Hallo, mijn naam is {naam} en ik ben {leeftijd} jaar oud.")
```

Output:

```
Hallo, mijn naam is Emma en ik ben 22 jaar oud.
```

Concatenatie met +

naam = "Emma"

leeftijd = 22

print("Hallo, mijn naam is " + naam + " en ik ben " + str(leeftijd) + " jaar oud.")

Let op: Je moet `leeftijd` omzetten naar een string met `str()`.

Datatypes en Operators in Python

Python is een programmeertaal waarmee je computers opdrachten kunt geven. Om goed te leren programmeren, is het belangrijk om te begrijpen hoe Python omgaat met gegevens (data) en hoe je berekeningen kunt maken. Dit hoofdstuk behandelt **datatypes** en **operators** in Python.

Gegevens in Python hebben verschillende **soorten**, ook wel **datatypes** genoemd. Een datatype bepaalt **wat** voor soort informatie wordt opgeslagen en **wat je ermee kunt doen**. De belangrijkste datatypes in Python zijn:

1. **Getallen (integers en floats)**

   ○ **Hele getallen** (integers) zijn bijvoorbeeld: `1`, `25`, `-10`, `1000`.
   ○ **Kommagetallen** (floats) zijn bijvoorbeeld: `3.14`, `0.5`, `-2.75`.
   ○ In Python gebruik je altijd een **punt** (`.`) in plaats van een **komma** om decimalen aan te geven, bijvoorbeeld: `2.5` (en niet `2,5`).

2. **Tekst (strings)**

   ○ Een string is een stuk tekst en wordt geschreven tussen **aanhalingstekens** (`"` of `'`).
   ○ Bijvoorbeeld: `"Hallo wereld"`, `'Python is leuk'`.

3. **Booleans (waar of niet waar)**

   - Een **boolean** kan maar twee waarden hebben: `True` (waar) of `False` (niet waar).
   - Dit wordt vaak gebruikt in logische tests, zoals: `5 > 3` (dit is `True`) of `2 == 4` (dit is `False`).

4. **Lijsten (lists)**

   - Een lijst kan meerdere waarden opslaan, zoals getallen of tekst.
   - Bijvoorbeeld: `[1, 2, 3, 4]` of `["appel", "banaan", "kers"]`.

Operators en Expressies

Een **operator** is een teken of symbool waarmee je **bewerkingen** kunt uitvoeren op gegevens. Een **expressie** is een combinatie van **waarden**, **variabelen** en **operators** die samen een resultaat opleveren.

Rekenkundige Operators (Arithmetic Operators)

Met rekenkundige operators kun je berekeningen maken, zoals optellen en aftrekken.

Operator	Betekenis	Voorbeeld	Resultaat
+	Optellen	`5 + 3`	`8`
–	Aftrekken	`10 - 4`	`6`
*	Vermenigvuldigen	`6 * 2`	`12`
/	Delen	`9 / 3`	`3.0`

//	Gehele deling	10 // 3	3
%	Modulus (rest bij deling)	10 % 3	1
**	Machtsverheffing	2 ** 3	8

Voorbeeld in Python:

a = 10

b = 3

print(a + b) # 13

print(a // b) # 3

print(a % b) # 1

Vergelijkingsoperators (Comparison Operators)

Met vergelijkingsoperators kun je controleren of waarden **gelijk**, **groter** of **kleiner** zijn. Dit levert altijd True of False op.

Operator	Betekenis	Voorbeeld	Resultaat
==	Is gelijk aan	5 == 5	True
!=	Is niet gelijk aan	5 != 3	True
>	Groter dan	10 > 5	True

<	Kleiner dan	2 < 8	True
>=	Groter dan of gelijk aan	4 >= 4	True
<=	Kleiner dan of gelijk aan	6 <= 3	False

Voorbeeld in Python:

x = 7

y = 10

print(x > y) # False

print(x <= y) # True

print(x != y) # True

Logische Operators (Logical Operators)

Met logische operators kun je meerdere voorwaarden combineren.

Operator	Betekenis	Voorbeeld	Resultaat
and	Beide voorwaarden moeten True zijn	(5 > 3) and (10 > 5)	True
or	Eén van de voorwaarden moet True zijn	(5 > 10) or (8 > 4)	True
not	Draait True en False om	not (5 > 3)	False

Voorbeeld in Python:

```python
a = True
b = False
print(a and b)  # False
print(a or b)   # True
print(not a)    # False
```

Toewijzingsoperators (Assignment Operators)

Met toewijzingsoperators geef je een waarde aan een **variabele**.

Operator	Betekenis	Voorbeeld	Betekenis
=	Toewijzen	x = 5	x krijgt waarde 5
+=	Optellen en toewijzen	x += 3	x wordt x + 3
-=	Aftrekken en toewijzen	x -= 2	x wordt x - 2
*=	Vermenigvuldigen en toewijzen	x *= 4	x wordt x * 4
/=	Delen en toewijzen	x /= 2	x wordt x / 2

Voorbeeld in Python:

```python
x = 5
x += 3  # x wordt 8
print(x)
```

Samenvatting

■ **Variabelen** *slaan informatie op die later gebruikt kan worden.*
■ *Python kent verschillende* **datatypes***, zoals* **integers***,* **floats***,* **strings***,* **booleans** *en* **lijsten***.*
■ *Je declareert een variabele door een naam te geven en een waarde toe te wijzen (*x = 10*).*
■ *Variabelen kunnen gewijzigd worden en ze kunnen een nieuw datatype krijgen.*
■ *Variabelen kunnen gebruikt worden in berekeningen en expressies.*
■ *Gebruik duidelijke en geldige namen voor variabelen.*

Datatypes *bepalen het type gegevens dat Python gebruikt, zoals getallen, tekst en lijsten.*
Operators *worden gebruikt voor berekeningen, vergelijkingen en logische tests.*
Expressies *combineren operators en waarden om resultaten te berekenen.*

5. Beslissingen maken met if-else

Soms wil je dat een programma verschillende dingen doet, afhankelijk van een situatie. Bijvoorbeeld: als het regent, neem je een paraplu mee. Als het niet regent, laat je de paraplu thuis. In een programma noemen we dit **beslissingen maken**.

In Python gebruiken we het **if-else**-statement om zulke beslissingen te maken.

De basis van if-else

Met een **if**-statement laat je een programma controleren of iets waar is. Als het waar is, voert het een stuk code uit. Als het niet waar is, kun je met **else** een andere actie laten uitvoeren.

Voorbeeld:

```
leeftijd = 18
if leeftijd >= 18:
    print("Je mag stemmen!")
else:
    print("Je bent te jong om te stemmen.")
```

Uitleg:

- Als de leeftijd **18 of ouder** is, verschijnt de tekst: "Je mag stemmen!".
- Als de leeftijd **kleiner dan 18** is, verschijnt de tekst: "Je bent te jong om te stemmen.".

If-else met meerdere keuzes (if-elif-else)

Soms wil je meerdere mogelijkheden testen. Dat kan met **elif**. Dit betekent "anders als".

Voorbeeld:

```
cijfer = 7
if cijfer >= 9:
    print("Uitstekend!")
elif cijfer >= 6:
    print("Voldoende")
else:
    print("Onvoldoende")
```

Uitleg:

- Als het cijfer **9 of hoger** is, verschijnt: "Uitstekend!".
- Als het cijfer **tussen 6 en 8** ligt, verschijnt: "Voldoende".
- Als het cijfer **lager dan 6** is, verschijnt: "Onvoldoende".

Vergelijkingen gebruiken in if-else

Om beslissingen te maken, gebruiken we **vergelijkingen**. Dit zijn speciale tekens waarmee we getallen of tekst kunnen vergelijken.

Symbool	Betekenis
==	Is gelijk aan
!=	Is niet gelijk aan
>	Groter dan
<	Kleiner dan

>=	Groter dan of gelijk aan
<=	Kleiner dan of gelijk aan

Voorbeeld:

```
naam = "Jan"
if naam == "Jan":
    print("Hallo Jan!")
else:
    print("Jij bent niet Jan.")
```

Uitleg:

- Als de variabele **naam** gelijk is aan "Jan", verschijnt: "Hallo Jan!".
- Anders verschijnt: "Jij bent niet Jan.".

Meerdere voorwaarden combineren

Je kunt ook meerdere voorwaarden combineren met **and** en **or**.

Voorbeeld met and **(en):**

```
leeftijd = 20
geldig_id = True
if leeftijd >= 18 and geldig_id:
    print("Je mag naar binnen.")
else:
```

```python
    print("Je mag niet naar binnen.")
```

Hier moeten **beide voorwaarden** waar zijn: leeftijd moet **18 of hoger** zijn én je moet een geldig ID hebben.

Voorbeeld met or (of):

```python
dag = "zaterdag"

if dag == "zaterdag" or dag == "zondag":

    print("Het is weekend!")

else:

    print("Het is een doordeweekse dag.")
```

Hier is **één van de voorwaarden** genoeg: als het **zaterdag of zondag** is, verschijnt "Het is weekend!".

Oefening: Schrijf een Python-programma dat controleert of iemand korting krijgt:

- Als iemand jonger dan 12 jaar is, krijgt hij of zij **50% korting**.
- Als iemand **65 jaar of ouder** is, krijgt hij of zij **30% korting**.
- Anders betaalt hij of zij **de normale prijs**.

Probeer het zelf en test je code! Uitwerking vind je op volgende pagina.

Samenvatting

*Met **if-else** kun je een programma laten reageren op verschillende situaties. Je gebruikt **if** voor de eerste controle, **elif** als er meerdere mogelijkheden zijn en **else** voor alle andere gevallen. Je kunt getallen en tekst vergelijken en meerdere voorwaarden combineren met **and** en **or**. Dit maakt je programma's slimmer en interactiever!*

Uitwerking:

Hier is een eenvoudig Python-programma dat controleert of iemand korting krijgt op basis van leeftijd:

```python
# Vraag de gebruiker om een leeftijd in te voeren

leeftijd = int(input("Voer je leeftijd in: "))

# Controleer de leeftijd en bepaal de korting

if leeftijd < 12:

    print("Je krijgt 50% korting.")

elif leeftijd >= 65:

    print("Je krijgt 30% korting.")

else:

    print("Je betaalt de normale prijs.")
```

Uitleg:

1. Het programma vraagt de gebruiker om een **leeftijd** in te voeren.
2. De **if**-voorwaarde controleert of de leeftijd **kleiner is dan 12** → geeft 50% korting.
3. De **elif**-voorwaarde controleert of de leeftijd **65 of ouder is** → geeft 30% korting.
4. Als geen van de bovenstaande voorwaarden waar is, voert **else** uit en betaalt de persoon de normale prijs.

6. Lijsten en tuples

Wat zijn lijsten en waarom zijn ze handig?

In Python gebruiken we **lijsten** om meerdere waarden in één variabele op te slaan. Een lijst is als een boodschappenlijstje: je kunt er verschillende dingen in zetten en de volgorde behouden.

Een lijst maak je met **vierkante haken** [ ]. Hier is een voorbeeld:

```
boodschappen = ["melk", "brood", "kaas"]
```

```
print(boodschappen)
```

Dit programma maakt een lijst met drie dingen: *melk*, *brood* en *kaas*. Wanneer je de lijst afdrukt, krijg je dit te zien:

```
['melk', 'brood', 'kaas']
```

Lijsten zijn handig omdat je items kunt toevoegen, verwijderen en aanpassen.

Elementen in een lijst gebruiken

Je kunt een enkel item uit de lijst halen door de **index** te gebruiken. De index begint bij **0**, niet bij 1!

```
eerste_item = boodschappen[0]  # Dit is 'melk'
```

```
tweede_item = boodschappen[1]  # Dit is 'brood'
```

Python begint dus altijd te tellen vanaf **0**.

Je kunt ook het **laatste item** pakken met -1:

```
laatste_item = boodschappen[-1]  # Dit is 'kaas'
```

Lijsten aanpassen

Een groot voordeel van lijsten is dat je ze kunt aanpassen.

Een item veranderen doe je zo:

```
boodschappen[1] = "eieren"
```

```
print(boodschappen)
```

Nu is de lijst:

```
['melk', 'eieren', 'kaas']
```

Een item toevoegen aan het einde doe je zo:

```
boodschappen.append("boter")
```

```
print(boodschappen)
```

De lijst is nu:

```
['melk', 'eieren', 'kaas', 'boter']
```

Een item verwijderen:

```
boodschappen.remove("kaas")
```

```
print(boodschappen)
```

Nu is de lijst:

```
['melk', 'eieren', 'boter']
```

Je kunt ook het **laatste item** verwijderen met `.pop()`:

```
boodschappen.pop()
```

```
print(boodschappen)
```

Hiermee haal je het laatste item weg.

Wat zijn tuples?

Een **tuple** lijkt op een lijst, maar er is één groot verschil: **je kunt een tuple niet aanpassen**.

Een tuple maak je met **haakjes ( )**:

```
kleuren = ("rood", "groen", "blauw")

print(kleuren)
```

Dit geeft:

```
('rood', 'groen', 'blauw')
```

Omdat een tuple **niet veranderbaar** is, kun je geen items toevoegen, verwijderen of aanpassen.

Wanneer gebruik je een lijst en wanneer een tuple?

Gebruik een **lijst** als je een verzameling van dingen hebt die kunnen veranderen.
Gebruik een **tuple** als je zeker weet dat de waarden altijd hetzelfde moeten blijven.

Voorbeelden:

- Een lijst is handig voor een **boodschappenlijst**, omdat je steeds nieuwe dingen toevoegt of weghaalt.
- Een tuple is handig voor **de dagen van de week**, want die veranderen nooit.

```
dagen = ("maandag", "dinsdag", "woensdag", "donderdag", "vrijdag", "zaterdag", "zondag")
```

Lijsten en tuples combineren

Soms wil je een **lijst in een tuple zetten** of andersom.

Een lijst omzetten naar een tuple:

boodschappen_tuple = tuple(boodschappen)

print(boodschappen_tuple)

Een tuple omzetten naar een lijst:

kleuren_lijst = list(kleuren)

print(kleuren_lijst)

Hierdoor kun je een tuple tijdelijk veranderen door het om te zetten naar een lijst.

Samenvatting

- *__Lijsten ([ ])__ zijn **veranderbaar**: je kunt items toevoegen, verwijderen en aanpassen.*
- *__Tuples (( ))__ zijn **niet veranderbaar**: de waarden blijven altijd hetzelfde.*
- *Gebruik **lijsten** als je een verzameling hebt die kan veranderen.*
- *Gebruik **tuples** als de volgorde en waarden vast moeten blijven.*
- *Je kunt een **lijst omzetten naar een tuple** en andersom.*

7. Loops en iteraties

In programmeren willen we vaak een taak meerdere keren uitvoeren. Denk bijvoorbeeld aan het tellen van 1 tot 10 of het herhalen van een boodschap op het scherm. In Python gebruiken we hiervoor **loops**. Een loop voert een stuk code meerdere keren uit. Dit herhalen noemen we **iteratie**.

Python heeft twee soorten loops: **for-loops** en **while-loops**. Beide werken iets anders, maar ze helpen ons om code efficiënter te schrijven.

De for-loop

Een **for-loop** wordt gebruikt als je weet hoe vaak een taak moet worden herhaald. Bijvoorbeeld: we willen de getallen van 1 tot en met 5 op het scherm laten zien. Dit kan met een for-loop:

```
for nummer in range(1, 6):
    print(nummer)
```

Uitleg:

- range(1, 6) betekent "begin bij 1 en stop voor 6".
- nummer is een variabele die telkens een andere waarde uit de range krijgt.
- De print(nummer) zorgt ervoor dat elk nummer op een nieuwe regel wordt afgedrukt.

Dit programma toont op het scherm:

```
1

2

3

4

5
```

De while-loop

Een **while-loop** wordt gebruikt als je niet precies weet hoe vaak de herhaling moet gebeuren. De loop blijft doorgaan zolang een bepaalde voorwaarde waar is.

Een voorbeeld: we blijven tellen totdat we bij 5 zijn.

```
nummer = 1

while nummer <= 5:

    print(nummer)

    nummer += 1  # Vergroot nummer met 1
```

Uitleg:

- We beginnen met `nummer = 1`.
- De `while nummer <= 5:` betekent dat de loop doorgaat zolang `nummer` kleiner of gelijk is aan 5.
- In de loop printen we het nummer en verhogen we het met 1 (`nummer += 1`).

Het resultaat is hetzelfde als de for-loop:

```
1

2

3

4

5
```

Het gebruik van break en continue

Soms willen we een loop vroegtijdig stoppen. Dit doen we met **break**.

Een voorbeeld: We stoppen met tellen zodra we bij 3 komen.

```
for nummer in range(1, 6):

    if nummer == 3:

        break  # Stop de loop

    print(nummer)
```

Uitvoer:

```
1
```

```
2
```

De loop stopt zodra `nummer` gelijk is aan 3.

Met **continue** slaan we een specifieke iteratie over en gaan we meteen naar de volgende.

Een voorbeeld: We slaan het getal 3 over.

```
for nummer in range(1, 6):

    if nummer == 3:

        continue  # Sla nummer 3 over

    print(nummer)
```

Uitvoer:

```
1
```

```
2
```

```
4
```

```
5
```

Geneste loops (Loops in loops)

Soms hebben we een loop binnen een andere loop nodig. Dit heet een **geneste loop**.

Voorbeeld: een simpel blok van sterretjes.

```
for i in range(1, 4):
    for j in range(1, 4):
        print("*", end=" ")
    print()
```

Uitvoer:

```
* * *
* * *
* * *
```

Uitleg:

- De buitenste `for i`-loop bepaalt het aantal rijen (3 keer).
- De binnenste `for j`-loop print drie sterretjes per rij.
- `end=" "` zorgt ervoor dat de sterretjes op dezelfde regel staan.
- `print()` zonder argument zorgt voor een nieuwe regel.

Samenvatting

*Loops maken het leven van een programmeur gemakkelijker! Met een **for-loop** herhalen we een taak een vast aantal keren. Met een **while-loop** blijven we herhalen tot een bepaalde voorwaarde niet meer waar is. We kunnen loops onderbreken met **break** en overslaan met **continue**. Ook kunnen we loops in elkaar zetten voor meer geavanceerde taken.*

8. Functies definiëren en gebruiken

Een functie is een stukje code dat je kunt hergebruiken. In plaats van steeds dezelfde regels code opnieuw te typen, kun je een functie maken en deze later oproepen. Dit maakt je programma overzichtelijker en makkelijker aan te passen.

Waarom functies gebruiken?

Functies helpen je om je code op te delen in kleinere stukken. Dit heeft verschillende voordelen:

- De code wordt overzichtelijker.
- Je hoeft dezelfde code niet steeds opnieuw te schrijven.
- Als er een fout zit in de code, hoef je die maar op één plek te corrigeren.
- Het programma wordt makkelijker te begrijpen voor anderen.

Een functie definiëren

Om een functie te maken, gebruik je het woord **def**, gevolgd door de naam van de functie en haakjes **()**. Daarna komt een dubbele punt **:** en de code die bij de functie hoort. Deze code moet altijd inspringen (meestal vier spaties).

Hier is een voorbeeld van een eenvoudige functie die "Hallo!" afdrukt:

```
def zeg_hallo():

    print("Hallo!")
```

Een functie aanroepen

Een functie werkt pas als je deze **aanroept**. Dit doe je door de naam van de functie te typen, gevolgd door haakjes **()**.

Voorbeeld:

```
zeg_hallo()
```

Uitvoer:

Hallo!

Functies met parameters

Soms wil je een functie maken die verschillende waarden gebruikt. Dit doe je met **parameters**. Een parameter is een variabele die je aan de functie doorgeeft.

Hier is een functie die een naam vraagt en een begroeting afdrukt:

```
def begroet(naam):
    print("Hallo, " + naam + "!")
```

Deze functie roep je aan met een naam als argument:

```
begroet("Emma")
```

Uitvoer:

Hallo, Emma!

Functies met meerdere parameters

Je kunt een functie maken met meerdere parameters. Bijvoorbeeld een functie die twee getallen optelt:

```
def tel_op(getal1, getal2):
    resultaat = getal1 + getal2
    print("De som is:", resultaat)
```

Aanroepen van de functie:

```
tel_op(5, 3)
```

De som is: 8

Functies met een return-waarde

Soms wil je dat een functie een waarde teruggeeft, zodat je deze later kunt gebruiken. Dit doe je met **return**.

Voorbeeld:

```
def vermenigvuldig(getal1, getal2):
    return getal1 * getal2
```

Nu kun je het resultaat opslaan in een variabele:

```
resultaat = vermenigvuldig(4, 5)
print("Uitkomst:", resultaat)
```

Uitvoer:

Uitkomst: 20

Standaardwaarden instellen

Je kunt een parameter een **standaardwaarde** geven. Dit betekent dat als je geen waarde opgeeft bij het aanroepen van de functie, er automatisch een standaardwaarde wordt gebruikt.

Voorbeeld:

```
def begroet(naam="bezoeker"):
    print("Hallo, " + naam + "!")
```

Als je de functie zonder argument aanroept, gebruikt deze de standaardwaarde:

`begroet()`

Uitvoer:

Hallo, bezoeker!

Maar je kunt ook een eigen waarde doorgeven:

`begroet("Lucas")`

Uitvoer:

Hallo, Lucas!

Samenvatting

- *Een functie is een herbruikbaar stuk code.*
- *Je maakt een functie met **def** en roept deze aan met **()**.*
- *Functies kunnen parameters hebben om gegevens te verwerken.*
- *Een functie kan een waarde teruggeven met **return**.*
- *Je kunt standaardwaarden instellen voor parameters.*

Door functies te gebruiken, wordt je code overzichtelijker en makkelijker te onderhouden. Nu kun je zelf experimenteren met het maken van functies!

9. Werken met modules en libraries

Bij het programmeren in Python hoef je niet alles zelf te schrijven. Er zijn kant-en-klare stukken code die je kunt gebruiken. Deze noemen we **modules** en **libraries**. Een module is een bestand met Python-code die je kunt hergebruiken. Een library is een verzameling van modules die bij elkaar horen.

Waarom modules en libraries gebruiken?

Modules en libraries besparen tijd. Ze zorgen ervoor dat je minder code hoeft te schrijven en dat je fouten voorkomt. Als iemand anders al een handige functie heeft gemaakt, kun jij die gewoon gebruiken zonder alles opnieuw te programmeren.

Een module importeren

Om een module te gebruiken, moet je deze eerst **importeren**. Dit doe je met het **import**-commando. Hier is een voorbeeld:

```
import math
```

Nu kun je functies uit de **math**-module gebruiken. Bijvoorbeeld om de vierkantswortel van een getal te berekenen:

```
import math

getal = 25

wortel = math.sqrt(getal)

print(wortel)  # Dit print 5.0
```

De **math**-module bevat nog veel meer functies, zoals **math.pi** voor de waarde van pi en **math.sin()** voor sinusberekeningen.

Alleen een specifieke functie importeren

Soms heb je maar één functie uit een module nodig. Je kunt dan alleen die functie importeren:

```
from math import sqrt

getal = 36

wortel = sqrt(getal)

print(wortel)  # Dit print 6.0
```

Hier hoef je niet **math.sqrt()** te typen, maar alleen **sqrt()**.

Modules een kortere naam geven

Sommige modules hebben lange namen. Je kunt ze een kortere naam geven met **as**:

```
import numpy as np

lijst = [1, 2, 3]

array = np.array(lijst)

print(array)
```

Hier noemen we **numpy** gewoon **np**, zodat we minder hoeven te typen.

Zelf een module maken

Je kunt ook zelf een module maken. Dit doe je door een Python-bestand te maken en daar functies in te schrijven. Bijvoorbeeld, maak een bestand **mijnmodule.py** met deze inhoud:

```
def begroet(naam):

    return f"Hallo, {naam}!"
```

Nu kun je deze module importeren en gebruiken in een ander bestand:

```
import mijnmodule

bericht = mijnmodule.begroet("Lisa")

print(bericht)  # Dit print: Hallo, Lisa!
```

Veelgebruikte libraries

Er zijn veel handige libraries in Python. Hier zijn een paar populaire:

- **math** – Wiskundige functies
- **random** – Willekeurige getallen genereren
- **datetime** – Werken met data en tijd
- **os** – Werken met bestanden en mappen
- **numpy** – Rekenen met lijsten en arrays
- **pandas** – Werken met grote hoeveelheden data

Een library installeren

Sommige libraries zitten standaard in Python, maar andere moet je eerst installeren. Dit doe je met **pip**, een programma dat bij Python hoort.

Om een library te installeren, typ je het volgende commando in de command prompt (Windows) of terminal (Mac/Linux):

```
pip install requests
```

Wil je een specifieke versie installeren? Gebruik dan:

```
pip install requests==2.26.0
```

Om een library te updaten naar de nieuwste versie:

```
pip install --upgrade requests
```

Om een lijst van alle geïnstalleerde libraries te bekijken:

```
pip list
```

Om een geïnstalleerde library te verwijderen:

```
pip uninstall requests
```

Pip gebruiken in Thonny

Thonny is een eenvoudige Python-ontwikkelomgeving die populair is bij beginners. Om een library te installeren met pip in Thonny, volg je deze stappen:

1. Open Thonny.
2. Klik op **Tools** (Gereedschap) in de menubalk.
3. Kies **Manage packages** (Pakketten beheren).
4. In het zoekveld typ je de naam van de library die je wilt installeren, bijvoorbeeld `requests`.
5. Klik op **Find package from PyPI**.
6. Klik op **Install** om de library te installeren.
7. Wacht tot de installatie is voltooid en sluit het venster.

Je kunt nu de geïnstalleerde library gebruiken in je Python-code in Thonny.

Samenvatting

Modules en libraries maken programmeren makkelijker. Ze besparen tijd en zorgen ervoor dat je efficiënter code kunt schrijven. Door modules te importeren, kun je kant-en-klare functies gebruiken in je eigen programma's. Als je een library nodig hebt die niet standaard in Python zit, kun je deze installeren met **pip**. Door slim gebruik te maken van modules en libraries, wordt programmeren veel eenvoudiger!

10. Werken met bestanden

Soms wil je gegevens bewaren zodat je ze later weer kunt gebruiken. Bijvoorbeeld, als je een programma maakt waarin een gebruiker een lijst met namen invoert, wil je misschien dat deze lijst niet verdwijnt als het programma wordt afgesloten.

Om dit te doen, kunnen we bestanden gebruiken. Een bestand is een plek op de computer waar informatie wordt opgeslagen. Dit kan tekst zijn, zoals een boodschappenlijst, of cijfers, zoals een lijst met prijzen.

Python maakt het makkelijk om met bestanden te werken. In dit hoofdstuk leer je hoe je bestanden kunt openen, lezen, schrijven en sluiten.

Een bestand openen en sluiten

Voordat je een bestand kunt gebruiken, moet je het openen. In Python doe je dit met de `open()` functie.

```
bestand = open("mijnbestand.txt", "r")
```

Hier gebeurt het volgende:

- `"mijnbestand.txt"` is de naam van het bestand.
- `"r"` betekent dat we het bestand openen om te lezen (read).

Na het openen is het belangrijk om het bestand weer te sluiten, anders blijft het actief in het geheugen van de computer. Dit doe je met `close()`:

```
bestand.close()
```

Een handige manier om bestanden automatisch goed af te sluiten is met `with`:

```
with open("mijnbestand.txt", "r") as bestand:

    inhoud = bestand.read()

    print(inhoud)
```

Hier hoef je het bestand niet zelf te sluiten, Python doet dat automatisch als het blok klaar is.

Een bestand lezen

Er zijn verschillende manieren om een bestand te lezen:

1. Het hele bestand in één keer lezen

```python
with open("mijnbestand.txt", "r") as bestand:

    inhoud = bestand.read()

    print(inhoud)
```

Dit leest alles en slaat het op in de variabele inhoud.

2. Regels één voor één lezen
Soms wil je een bestand regel per regel lezen, bijvoorbeeld als het een lange lijst is. Dit doe je zo:

```python
with open("mijnbestand.txt", "r") as bestand:

    for regel in bestand:

        print(regel.strip())  # strip() verwijdert extra enters
```

3. Een lijst maken van alle regels
Je kunt alle regels opslaan in een lijst met readlines():

```python
with open("mijnbestand.txt", "r") as bestand:

    regels = bestand.readlines()

    print(regels)  # Dit geeft een lijst van regels
```

Een bestand schrijven

Soms wil je tekst in een bestand opslaan. Dit doe je door het bestand te openen in schrijfmodus ("w") of aanvulmodus ("a").

Let op: Als je "w" gebruikt, wordt het oude bestand leeg gemaakt!

Voorbeeld: een nieuw bestand maken en schrijven

```
with open("mijnbestand.txt", "w") as bestand:

    bestand.write("Hallo, dit is een test.\n")

    bestand.write("Nog een regel tekst.")
```

Hier wordt een nieuw bestand gemaakt met twee regels tekst.

Tekst toevoegen zonder het oude te wissen
Als je tekst wilt toevoegen in plaats van alles te vervangen, gebruik "a":

```
with open("mijnbestand.txt", "a") as bestand:

    bestand.write("\nDeze regel wordt toegevoegd.")
```

Werken met CSV-bestanden

Soms bevat een bestand gegevens die gescheiden zijn met komma's, bijvoorbeeld een lijst met namen en leeftijden:

```
Naam,Leeftijd

Piet,25

Sara,30

Jan,22
```

Dit noemen we een CSV-bestand (*Comma Separated Values*). Python heeft een speciale module om met CSV te werken.

CSV-bestand lezen

```
import csv

with open("gegevens.csv", "r") as bestand:

    reader = csv.reader(bestand)

    for rij in reader:

        print(rij)
```

Dit zet elke regel om in een lijst, zodat je makkelijk met de gegevens kunt werken.

CSV-bestand schrijven

```
import csv

with open("gegevens.csv", "w", newline="") as bestand:

    writer = csv.writer(bestand)

    writer.writerow(["Naam", "Leeftijd"])

    writer.writerow(["Piet", 25])

    writer.writerow(["Sara", 30])
```

Dit maakt een CSV-bestand met kopteksten en gegevens.

Bestanden en fouten voorkomen

Soms gaat er iets mis, bijvoorbeeld als een bestand niet bestaat. Dit kun je oplossen met `try-except`:

```
try:
    with open("niet_bestaand_bestand.txt", "r") as bestand:
        inhoud = bestand.read()
except FileNotFoundError:
    print("Bestand niet gevonden!")
```

Als het bestand niet bestaat, krijg je een nette foutmelding in plaats van een crash.

Samenvatting

- *Bestanden openen doe je met* `open()`, *en je sluit ze met* `close()` *of* `with`.
- *Je kunt bestanden lezen met* `read()`, `readlines()`, *of een lus.*
- *Je kunt bestanden schrijven of aanvullen met* `"w"` *en* `"a"`.
- *CSV-bestanden zijn handig voor gestructureerde gegevens en worden beheerd met de* `csv` *module.*
- *Gebruik* `try-except` *om fouten te voorkomen als een bestand niet bestaat.*

11. Objectgeoriënteerd programmeren en klassen

Objectgeoriënteerd programmeren (OOP) is een manier om programma's te schrijven waarbij je werkt met **objecten** in plaats van alleen functies en variabelen. Een object is een verzameling van eigenschappen en acties die bij elkaar horen.

Stel je voor dat je een programma schrijft over auto's. In plaats van losse variabelen zoals kleur, merk en snelheid, kun je een **object** maken dat alle eigenschappen van een auto bevat. Zo kun je makkelijk meerdere auto's maken zonder steeds dezelfde code te herhalen.

Klassen: de bouwtekening van een object

Een **klasse** is een soort bouwtekening voor een object. In een klasse beschrijf je welke eigenschappen een object heeft en wat het kan doen. Wanneer je een object maakt op basis van een klasse, noemen we dat een **instantie** van de klasse.

Laten we een voorbeeld bekijken. We maken een klasse **Auto**:

```python
class Auto:

    def __init__(self, merk, kleur, snelheid):

        self.merk = merk

        self.kleur = kleur

        self.snelheid = snelheid

    def rijden(self):

        print(f"De {self.kleur} {self.merk} rijdt met {self.snelheid} km/u.")
```

Hier gebeurt het volgende:

- De `__init__`-methode is een **constructor**. Dit is een speciale functie die automatisch wordt aangeroepen als je een nieuw object maakt.
- `self.merk`, `self.kleur` en `self.snelheid` zijn **eigenschappen** van de auto.
- De `rijden`-functie is een **methode** die iets laat doen met de auto.

Een object maken en gebruiken

Nu we de klasse **Auto** hebben, kunnen we objecten maken op basis van deze klasse:

```
mijn_auto = Auto("Toyota", "rood", 120)
```

```
jouw_auto = Auto("BMW", "blauw", 150)
```

```
mijn_auto.rijden()
```

```
jouw_auto.rijden()
```

Uitvoer:

```
De rood Toyota rijdt met 120 km/u.
```

```
De blauw BMW rijdt met 150 km/u.
```

Zoals je ziet, kunnen we meerdere auto's maken met verschillende eigenschappen, zonder dat we de code telkens opnieuw hoeven te schrijven.

Klassen en methodes: acties uitvoeren

Een klasse kan meerdere **methodes** hebben. Een methode is een functie die iets doet met het object. Laten we de klasse uitbreiden met een methode om te **versnellen**:

```
class Auto:

    def __init__(self, merk, kleur, snelheid):

        self.merk = merk

        self.kleur = kleur

        self.snelheid = snelheid

    def rijden(self):

        print(f"De {self.kleur} {self.merk} rijdt met {self.snelheid} km/u.")
```

```
def versnellen(self, extra_snelheid):

    self.snelheid += extra_snelheid

    print(f"De {self.merk} versnelt naar {self.snelheid} km/u.")
```

Nu kunnen we de auto laten versnellen:

```
mijn_auto = Auto("Toyota", "rood", 120)
```

```
mijn_auto.versnellen(20)
```

Uitvoer:

```
De Toyota versnelt naar 140 km/u.
```

Hiermee kunnen we objecten interactief maken en laten reageren op nieuwe situaties.

Overerving: eigenschappen overnemen

Soms willen we een nieuwe klasse maken die lijkt op een bestaande klasse, maar met extra functies. Dit doen we met **overerving**. Stel dat we een **ElektrischeAuto** willen maken die een normale **Auto** is, maar ook een **batterijcapaciteit** heeft:

```
class ElektrischeAuto(Auto):

    def __init__(self, merk, kleur, snelheid, batterijcapaciteit):

        super().__init__(merk, kleur, snelheid)

        self.batterijcapaciteit = batterijcapaciteit

    def opladen(self):

        print(f"De {self.merk} is aan het opladen. Batterij: {self.batterijcapaciteit}%")
```

Hier gebeurt het volgende:

- De klasse **ElektrischeAuto erft** eigenschappen en methodes van **Auto**.
- `super().__init__(...)` roept de constructor van **Auto** aan, zodat we niet alle eigenschappen opnieuw hoeven te definiëren.
- We voegen een nieuwe methode `opladen()` toe.

Nu kunnen we een elektrische auto maken:

```
tesla = ElektrischeAuto("Tesla", "wit", 150, 85)

tesla.rijden()

tesla.opladen()
```

Uitvoer:

```
De wit Tesla rijdt met 150 km/u.

De Tesla is aan het opladen. Batterij: 85%
```

Samenvatting

*Objectgeoriënteerd programmeren helpt ons om overzichtelijke, herbruikbare en gestructureerde code te schrijven. Met klassen kunnen we objecten maken die eigenschappen en acties combineren. We kunnen ook klassen **uitbreiden** met overerving, zodat we geen dubbele code hoeven te schrijven. Belangrijke concepten om te onthouden:*

1. ***Objecten**: Dingen in je programma met eigenschappen en acties.*
2. ***Klassen**: De blauwdruk voor objecten.*
3. ***Eigenschappen (attributen)**: Informatie die een object bij zich draagt.*
4. ***Methodes**: Acties die een object kan uitvoeren.*
5. ***Overerving**: Een klasse kan eigenschappen van een andere klasse overnemen.*

12. Databasen met Sqlite

Een database is een plek waar je gegevens kunt opslaan en later weer kunt opvragen. Denk aan een lijst met namen en telefoonnummers, een lijst met producten in een winkel of een verzameling schoolcijfers. Een database helpt om gegevens netjes en gestructureerd te bewaren, zodat je ze makkelijk kunt vinden.

SQLite is een veelgebruikte database die klein en eenvoudig is. Je hebt geen aparte server nodig om SQLite te gebruiken. Dit maakt het ideaal voor beginners die willen leren werken met databases in Python.

Waarom een database gebruiken?

Soms sla je gegevens op in een tekstbestand of een Excel-bestand, maar dat heeft nadelen. Het is moeilijker om snel bepaalde gegevens op te zoeken of aanpassingen te maken.

Met een database kun je:
✔ Gegevens snel vinden met zoekopdrachten.
✔ Gegevens eenvoudig toevoegen, verwijderen of aanpassen.
✔ Structuur aanbrengen in je gegevens, bijvoorbeeld tabellen maken.

Met SQLite kunnen we gegevens opslaan in een tabel, net als in Excel, maar dan krachtiger.

SQLite installeren en gebruiken in Python

SQLite is standaard inbegrepen bij Python, dus je hoeft niets extra's te installeren. Je kunt direct beginnen met het gebruik ervan via de **sqlite3**-module.

Laten we een eenvoudige database maken en openen in Python:

```python
import sqlite3

# Maak of open een databasebestand

conn = sqlite3.connect("mijn_database.db")
```

```python
# Maak een cursor om opdrachten uit te voeren

cursor = conn.cursor()

print("Database is geopend!")
```

Dit maakt een bestand genaamd *mijn_database.db*. Als het bestand nog niet bestaat, wordt het automatisch aangemaakt.

Tabellen maken in SQLite

Een database bestaat uit tabellen. Een tabel bevat rijen en kolommen, net zoals een Excel-spreadsheet.

Laten we een tabel maken voor een lijst met studenten:

```python
import sqlite3

# Verbinding maken met de database

conn = sqlite3.connect("school.db")

cursor = conn.cursor()

# Maak een tabel voor studenten

cursor.execute("""
CREATE TABLE IF NOT EXISTS studenten (
    id INTEGER PRIMARY KEY,
    naam TEXT,
    leeftijd INTEGER
)
""")
```

```
conn.commit()

conn.close()

print("Tabel 'studenten' is aangemaakt!")
```

Hiermee maken we een tabel genaamd **studenten** met drie kolommen:

- **id** (een uniek nummer voor elke student)
- **naam** (de naam van de student)
- **leeftijd** (de leeftijd van de student)

Gegevens toevoegen aan de database

Nu de tabel klaar is, kunnen we gegevens toevoegen.

```
import sqlite3

conn = sqlite3.connect("school.db")

cursor = conn.cursor()

# Voeg een student toe

cursor.execute("INSERT INTO studenten (naam, leeftijd) VALUES (?, ?)", ("Emma", 20))

conn.commit()

conn.close()

print("Gegevens toegevoegd!")
```

Hier voegen we een student genaamd **Emma** toe met de leeftijd **20**.

Gegevens opvragen uit de database

We kunnen de gegevens uit onze database weer opvragen.

```python
import sqlite3

conn = sqlite3.connect("school.db")

cursor = conn.cursor()

# Haal alle studenten op

cursor.execute("SELECT * FROM studenten")

studenten = cursor.fetchall()

for student in studenten:

    print(student)

conn.close()
```

Dit toont een lijst met alle studenten in de database. Elke rij bevat een **id**, een **naam** en een **leeftijd**.

Gegevens bijwerken (updaten)

Soms wil je een fout corrigeren of gegevens aanpassen. Dat kan met **UPDATE**.

```python
import sqlite3

conn = sqlite3.connect("school.db")

cursor = conn.cursor()

# Verander de leeftijd van Emma naar 21

cursor.execute("UPDATE studenten SET leeftijd = ? WHERE naam = ?", (21, "Emma"))
```

```
conn.commit()
```

```
conn.close()
```

```
print("Leeftijd bijgewerkt!")
```

Nu is Emma's leeftijd aangepast naar **21**.

Gegevens verwijderen uit de database

Als een student uitgeschreven is, kunnen we die verwijderen uit de database.

```
import sqlite3
```

```
conn = sqlite3.connect("school.db")
```

```
cursor = conn.cursor()
```

```
# Verwijder Emma uit de database
```

```
cursor.execute("DELETE FROM studenten WHERE naam = ?", ("Emma",))
```

```
conn.commit()
```

```
conn.close()
```

```
print("Student verwijderd!")
```

Emma's gegevens worden nu verwijderd.

Belangrijke tips voor SQLite in Python

✔ **Gebruik altijd** `conn.commit()` na wijzigingen om de database op te slaan.
✔ **Sluit de verbinding (**`conn.close()`**)** als je klaar bent, zodat er geen fouten ontstaan.
✔ **Gebruik ? bij SQL-opdrachten** om fouten met invoer te voorkomen (zoals SQL-injecties).

Samenvatting

SQLite is een handige en eenvoudige database die perfect is om te leren programmeren met Python. Je kunt er gegevens mee opslaan, opvragen, bijwerken en verwijderen. Wil je meer leren? Probeer zelf een database te maken met bijvoorbeeld boeken, producten of contactgegevens!

13. Werken met GUI

GUI staat voor **Graphical User Interface**, oftewel een grafische gebruikersinterface. Dit betekent dat je programma knoppen, tekstvakken en andere visuele elementen heeft die je met een muis of toetsenbord kunt bedienen.

Python heeft een ingebouwde module genaamd **Tkinter**, waarmee je eenvoudig een GUI kunt maken. Tkinter is handig voor beginners omdat het makkelijk te leren is en direct werkt zonder extra installatie.

Een simpel venster maken

Om een GUI te maken met Tkinter, moet je eerst de module **importeren** en een **hoofdvenster** maken. Dit doe je met de volgende code:

```python
import tkinter as tk

# Maak het hoofdvenster

root = tk.Tk()

root.configure(bg='lightblue')  # Achtergrondkleur instellen

# Geef het venster een titel

root.title("Mijn eerste GUI")

# Start de GUI-lus

root.mainloop()
```

Uitleg:

1. **import tkinter as tk** – Hiermee haal je Tkinter op in je programma.
2. **tk.Tk()** – Dit maakt het hoofdvenster.
3. **configure(bg='lightblue')** – Hiermee geef je het venster een achtergrondkleur.
4. **title("Mijn eerste GUI")** – Hiermee geef je het venster een titel.
5. **mainloop()** – Dit houdt het venster open en luistert naar acties van de gebruiker.

Als je dit uitvoert, verschijnt er een leeg venster met een lichtblauwe achtergrond en de titel "Mijn eerste GUI".

Een knop toevoegen met kleur

Nu we een venster hebben, gaan we een **knop** toevoegen met een aangepaste kleur:

```python
import tkinter as tk

root = tk.Tk()

root.title("Knop toevoegen")

root.configure(bg='lightgrey')

# Maak een knop met kleur

knop = tk.Button(root, text="Klik mij!", fg='white', bg='blue')

knop.pack()

root.mainloop()
```

Uitleg:

- **fg='white'** bepaalt de kleur van de tekst op de knop.
- **bg='blue'** bepaalt de achtergrondkleur van de knop.
- **knop.pack()** zorgt ervoor dat de knop op het scherm wordt weergegeven.

Een actie aan de knop geven

Om een actie toe te voegen aan de knop, gebruiken we een **functie**. Bijvoorbeeld:

```python
import tkinter as tk

def klik():
    label.config(text="Je hebt geklikt!", fg='red')
```

```python
root = tk.Tk()

root.title("Actie op de knop")

root.configure(bg='white')

# Maak een label

label = tk.Label(root, text="Druk op de knop", fg='black', bg='yellow')

label.pack()

# Maak een knop met een actie

knop = tk.Button(root, text="Klik mij!", command=klik, fg='white', bg='green')

knop.pack()

root.mainloop()
```

Uitleg:

- De labeltekst wordt rood als je op de knop drukt.
- De achtergrondkleur van het label is geel.
- De knop heeft een groene achtergrond en witte tekst.

Een afbeelding toevoegen

Soms wil je een afbeelding tonen in je GUI. Dit doe je met **PhotoImage**:

```python
import tkinter as tk

from tkinter import PhotoImage

root = tk.Tk()

root.title("Afbeelding tonen")

# Laad een afbeelding (zorg ervoor dat het bestand in dezelfde map staat)

afbeelding = PhotoImage(file='voorbeeld.png')
```

```
label = tk.Label(root, image=afbeelding)

label.pack()

root.mainloop()
```

Uitleg:

- **PhotoImage(file='voorbeeld.png')** laadt een afbeelding (PNG-formaat).
- **label = tk.Label(root, image=afbeelding)** voegt de afbeelding toe aan een label.
- **label.pack()** zorgt ervoor dat de afbeelding wordt weergegeven.

Een venster sluiten

Wil je een knop toevoegen die het venster sluit? Gebruik `root.destroy()`:

```
import tkinter as tk

def sluit():
    root.destroy()

root = tk.Tk()

root.title("Venster sluiten")

root.configure(bg='lightcoral')

knop = tk.Button(root, text="Sluiten", command=sluit, fg='white', bg='red')

knop.pack()

root.mainloop()
```

Als je op de knop drukt, wordt het venster gesloten.

Samenvatting

Met Tkinter kun je op een eenvoudige manier een GUI maken in Python. We hebben geleerd hoe je:

- *Een venster maakt met een achtergrondkleur.*
- *Een knop toevoegt met een aangepaste kleur.*
- *Een actie koppelt aan een knop.*
- *Tekstinvoer gebruikt.*
- *Een afbeelding toevoegt.*
- *Een venster sluit met een knop.*

14. Je programma als installeerbaar software delen

Als je een Python-programma hebt gemaakt, wil je het misschien delen met anderen. Maar niet iedereen heeft Python op zijn computer geïnstalleerd. Daarom kun je je programma omzetten in een zelfstandig programma dat anderen zonder extra stappen kunnen openen. In dit hoofdstuk leer je hoe je dat doet.

Waarom je programma installeerbaar maken?

Als je een Python-programma maakt, schrijf je code in een `.py`-bestand. Om dit bestand uit te voeren, moet Python op de computer staan. Maar stel dat je een vriend of collega jouw programma wilt laten gebruiken. Dan is het vervelend als ze eerst Python moeten installeren en weten hoe ze het script moeten uitvoeren.

Door je programma om te zetten in een uitvoerbaar bestand, zoals een `.exe` op Windows of een `.app` op macOS, kan de gebruiker jouw programma openen alsof het een gewoon programma is. Dit maakt het gemakkelijker om software te delen en te gebruiken.

De basis: van Python-script naar uitvoerbaar bestand

Om een Python-programma om te zetten in een zelfstandig programma, kun je de tool `pyinstaller` gebruiken. Dit is een gratis programma dat je met Python kunt installeren.

Stap 1: Installeer pyinstaller

Open een terminal (Command Prompt, PowerShell of Terminal op macOS/Linux) en typ:

```
pip install pyinstaller
```

Druk op **Enter**. Python zal de tool downloaden en installeren.

Stap 2: Maak een eenvoudig Python-programma

Schrijf een klein Python-script en sla het op als `hallo.py`:

```
print("Hallo, welkom bij mijn programma!")
```

```
input("Druk op Enter om af te sluiten...")
```

Dit programma toont een boodschap en wacht totdat de gebruiker op Enter drukt.

Stap 3: Zet je script om naar een .exe

Ga naar de map waar je `hallo.py` hebt opgeslagen en typ het volgende in de terminal:

```
pyinstaller --onefile hallo.py
```

Druk op **Enter**. PyInstaller zal nu je script omzetten naar een zelfstandig programma.

Na afloop vind je in de map `dist/` een bestand genaamd `hallo.exe` (of `hallo` op macOS/Linux). Dit is een zelfstandig programma dat je kunt delen.

Extra opties voor PyInstaller

Soms wil je extra instellingen toevoegen. Bijvoorbeeld een programma met een eigen icoon, zonder een zwart terminalvenster. Hier zijn enkele handige opties:

Een icoon toevoegen
 Als je een icoon wilt gebruiken, sla dan een `.ico`-bestand op in dezelfde map als je script. Gebruik dan dit commando:

```
pyinstaller --onefile --icon=mijnicoon.ico hallo.py
```

Verberg het terminalvenster (voor GUI-programma's)
Als je een programma met een grafische interface hebt (zoals Tkinter), kun je de terminal verbergen met:

```
pyinstaller --onefile --windowed hallo.py
```

Hierdoor opent het programma zonder een zwart terminalvenster.

Je programma delen met anderen

Nu je een zelfstandig programma hebt gemaakt, kun je het delen met anderen. Maar er zijn een paar dingen om op te letten:

- **De juiste versie voor het besturingssysteem**
  Een `.exe`-bestand werkt alleen op Windows. Wil je een versie voor macOS of Linux? Dan moet je het programma omzetten op dat besturingssysteem.

- **Extra bestanden**
  Soms heeft je programma extra bestanden nodig, zoals afbeeldingen of tekstbestanden. Zorg ervoor dat je die meelevert in dezelfde map als het programma.

- **Comprimeren in een ZIP-bestand**
  Om je programma gemakkelijker te versturen, kun je het inpakken in een ZIP-bestand. Dit doe je zo:

  - Op Windows:
    - Klik met de rechtermuisknop op de map `dist/`
    - Kies **Verzenden naar → Gecomprimeerde (gezipte) map**
  - Op macOS/Linux:
    - Open de terminal en typ:

      zip -r mijnprogramma.zip dist/

Problemen oplossen

Soms werkt PyInstaller niet meteen goed. Hier zijn enkele veelvoorkomende problemen en oplossingen:

- **Probleem: "pyinstaller" wordt niet herkend**

- o Oplossing: Controleer of je Python en pip correct hebt geïnstalleerd. Je kunt `pip list` gebruiken om te zien of `pyinstaller` aanwezig is.

- **Probleem: Bestand opent en sluit meteen**

  - o Oplossing: Voeg een `input("Druk op Enter om af te sluiten...")` toe aan het einde van je script, zodat het niet direct sluit.

- **Probleem: Antivirussoftware blokkeert je programma**

  - o Oplossing: Sommige virusscanners denken dat een PyInstaller-programma verdacht is. Dit komt omdat het een gecomprimeerd bestand is. Je kunt dit oplossen door je programma als vertrouwd te markeren of een code-signing-certificaat te gebruiken (voor gevorderden).

Samenvatting

Je hebt nu geleerd hoe je een Python-programma omzet in een zelfstandig uitvoerbaar bestand. Dit maakt het delen van je programma makkelijker voor gebruikers zonder Python. Door gebruik te maken van PyInstaller kun je een `.exe`- of `.app`-bestand maken en dit eenvoudig verspreiden.

15. Praktijkvoorbeeld Takenlijst

Hier is een praktijkvoorbeeld van een eenvoudige Python-applicatie die **Tkinter** gebruikt voor de gebruikersinterface, **SQLite** voor gegevensopslag, en verpakt kan worden als een **uitvoerbaar bestand (EXE)** met **PyInstaller**.

Deze applicatie stelt de gebruiker in staat om taken toe te voegen en te verwijderen uit een database.

Functionaliteiten

- Taken toevoegen aan een database.
- Taken bekijken in een lijst.
- Taken verwijderen uit de lijst.
- Gegevens opslaan in een SQLite-database.

Voor dit project heb je de volgende modules nodig:

```
pip install tk sqlite3
```

(Tkinter zit standaard in Python, dus extra installatie is meestal niet nodig.)

Stap 1: Python-script (takenlijst.py)

Hieronder staat de code voor de applicatie:

```python
import sqlite3

import tkinter as tk

from tkinter import messagebox


# Database-initialisatie

conn = sqlite3.connect("takenlijst.db")

c = conn.cursor()
```

```python
c.execute("""CREATE TABLE IF NOT EXISTS taken (

        id INTEGER PRIMARY KEY AUTOINCREMENT,

        taak TEXT NOT NULL)""")
conn.commit()


# Functie om een taak toe te voegen
def taak_toevoegen():
    taak = invoerveld.get()
    if taak:
        c.execute("INSERT INTO taken (taak) VALUES (?)", (taak,))
        conn.commit()
        invoerveld.delete(0, tk.END)
        taken_weergeven()
    else:
        messagebox.showwarning("Waarschuwing", "Voer een taak in!")


# Functie om een taak te verwijderen
def taak_verwijderen():
    try:
        geselecteerde_taak = lijstbox.get(lijstbox.curselection())
        c.execute("DELETE FROM taken WHERE taak = ?", (geselecteerde_taak,))
        conn.commit()
```

```python
        taken_weergeven()
    except:
        messagebox.showwarning("Waarschuwing", "Selecteer een taak om te verwijderen!")


# Functie om taken weer te geven
def taken_weergeven():
    lijstbox.delete(0, tk.END)
    c.execute("SELECT taak FROM taken")
    taken = c.fetchall()
    for taak in taken:
        lijstbox.insert(tk.END, taak[0])


# Hoofdvenster maken
root = tk.Tk()
root.title("Takenlijst")


# Layout
frame = tk.Frame(root)
frame.pack(pady=10)

invoerveld = tk.Entry(frame, width=40)
invoerveld.pack(side=tk.LEFT, padx=10)
```

```python
knop_toevoegen = tk.Button(frame, text="Toevoegen", command=taak_toevoegen)

knop_toevoegen.pack(side=tk.RIGHT)


lijstbox = tk.Listbox(root, width=50, height=10)

lijstbox.pack(pady=10)


knop_verwijderen = tk.Button(root, text="Verwijderen", command=taak_verwijderen)

knop_verwijderen.pack()


# Taken laden bij opstarten

taken_weergeven()


# Start de Tkinter-applicatie

root.mainloop()


# Sluit de databaseverbinding bij afsluiten

conn.close()
```

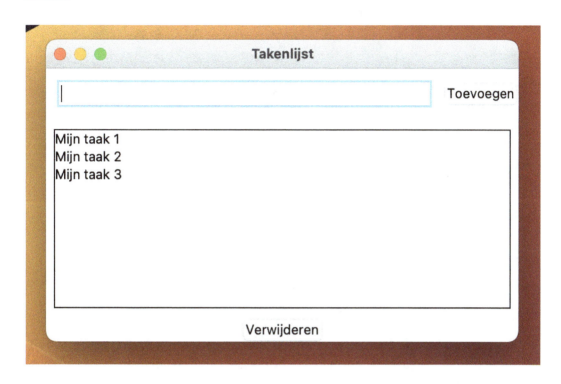

Takenlijst applicatie

Om van dit script een **standalone .exe-bestand** te maken, gebruik je **PyInstaller**.

PyInstaller installeren

Als je PyInstaller nog niet hebt geïnstalleerd, voer dit commando uit:

pip install pyinstaller

Script omzetten naar een .exe

Open de terminal en ga naar de map waar je `takenlijst.py` staat. Voer dan het volgende uit:

`pyinstaller --onefile --windowed --icon=icon.ico takenlijst.py`

Uitleg:

- `--onefile` → Maakt één enkel uitvoerbaar bestand.
- `--windowed` → Voorkomt dat er een terminalvenster opent (alleen GUI).
- `--icon=icon.ico` → (Optioneel) Voegt een icoon toe (maak een eigen `.ico`-bestand).

Na afloop vind je het uitvoerbare bestand in de **dist/** map.

Stap 3: Deel je programma

Je kunt de `takenlijst.exe` nu delen met anderen. Als extra stap kun je:

1. **Een ZIP-bestand maken** om alles in te pakken.
2. **Een installer maken** met software zoals Inno Setup (voor Windows).

Je hebt nu een complete Python-applicatie gebouwd met **Tkinter (GUI)**, **SQLite (database)** en verpakt als een **uitvoerbaar bestand** met **PyInstaller**. Dit is een basisvoorbeeld, maar je kunt het uitbreiden met extra functies zoals **deadlines, prioriteiten en voltooide taken markeren**.

Veel succes! 🚀

16. Praktijkvoorbeeld Memory-game

Hier is een volledige **Memory Game** in Python, gemaakt met **Tkinter**. Het spel gebruikt letters als kaarten en slaat de voortgang tijdelijk op in het geheugen.

Je hebt alleen **Tkinter** nodig, wat standaard in Python zit.

Memory Game Code (memory_game.py)

Hier is het volledige script:

```python
import tkinter as tk

from tkinter import messagebox

import random


class MemoryGame:

    def __init__(self, root):

        self.root = root

        self.root.title("Memory Game - Letters")


        # Definieer de letters (8 verschillende paren)

        letters = ["A", "B", "C", "D", "E", "F", "G", "H"]

        self.kaarten = letters * 2  # 16 kaarten (8 paren)

        random.shuffle(self.kaarten)  # Schud de kaarten


        self.buttons = []  # Opslaan van knoppen

        self.gekozen_kaarten = []  # Tijdelijke opslag van gekozen kaarten
```

```python
        self.gekozen_knoppen = []  # Tijdelijke opslag van gekozen knoppen
        self.gevonden_paren = 0  # Teller voor gevonden paren


        # 4x4 grid maken
        for i in range(4):
            rij = []
            for j in range(4):
                knop = tk.Button(root, text="?", width=6, height=3, font=("Arial", 20, "bold"),
                            command=lambda r=i, c=j: self.klik_kaart(r, c), bg="lightgray")
                knop.grid(row=i, column=j, padx=5, pady=5)
                rij.append(knop)
            self.buttons.append(rij)


    def klik_kaart(self, rij, kolom):
        if len(self.gekozen_kaarten) == 2:
            return  # Voorkom dat meer dan 2 kaarten tegelijk worden gekozen


        knop = self.buttons[rij][kolom]
        kaart = self.kaarten[rij * 4 + kolom]


        if knop["text"] == "?" and knop not in self.gekozen_knoppen:
            knop.config(text=kaart, bg="white")  # Toon letter
```

```python
        self.gekozen_kaarten.append(kaart)

        self.gekozen_knoppen.append(knop)


    if len(self.gekozen_kaarten) == 2:

        self.root.after(1000, self.check_paar)  # Wacht 1 seconde en controleer of het een match is


def check_paar(self):

    if self.gekozen_kaarten[0] == self.gekozen_kaarten[1]:

        # Paar gevonden, laat de knoppen zichtbaar en schakel ze uit

        self.gekozen_knoppen[0].config(state="disabled", relief=tk.SUNKEN)

        self.gekozen_knoppen[1].config(state="disabled", relief=tk.SUNKEN)

        self.gevonden_paren += 1

    else:

        # Geen match, verberg de letters en herstel de vraagtekens

        for knop in self.gekozen_knoppen:

            knop.config(text="?", bg="lightgray")


    self.gekozen_kaarten = []

    self.gekozen_knoppen = []


    if self.gevonden_paren == 8:
```

```
        self.gefeliciteerd()


    def gefeliciteerd(self):

        messagebox.showinfo("Gefeliciteerd!", "Je hebt alle paren gevonden!")

        self.root.quit()


# Hoofdprogramma starten

root = tk.Tk()

spel = MemoryGame(root)

root.mainloop()
```

Hoe te spelen?

1. **Klik op een kaart** om de letter te onthullen.
2. **Klik op een tweede kaart** en probeer een match te vinden.
3. **Bij een match blijven de kaarten zichtbaar**, anders worden ze na 1 seconde verborgen.
4. **Vind alle paren om te winnen!** 🎉

Mogelijke uitbreidingen

- Voeg een **timer** toe om de tijd te meten.
- Houd een **score** bij van het aantal pogingen.

Wil je een **EXE maken**? Gebruik:

```
pyinstaller --onefile --windowed memory_game.py
```

Veel plezier! 🎮🚀

17. De meest populaire Python-pakketten

Hier is een uitgebreid overzicht van enkele van de meest populaire Python-pakketten die beschikbaar zijn via `pip`, samen met een korte uitleg van hun gebruik en toepassingen:

1. **NumPy**: NumPy is een fundamenteel pakket voor wetenschappelijk rekenen in Python. Het biedt ondersteuning voor grote, multi-dimensionale arrays en matrices, samen met een uitgebreide verzameling wiskundige functies om hiermee te werken.

2. **Pandas**: Pandas is een open-source bibliotheek die krachtige data structuren en tools biedt voor data-analyse. Het is gebouwd op NumPy en vereenvoudigt data-manipulatie en analyse met zijn primaire data structuren: Series en DataFrame.

3. **Requests**: Requests is een eenvoudige en elegante HTTP-bibliotheek voor Python, ontworpen om HTTP-verzoeken gemakkelijk te maken. Het wordt vaak gebruikt voor het ophalen van webpagina's of het communiceren met web-API's.

4. **Matplotlib**: Matplotlib is een uitgebreide bibliotheek voor het maken van statische, geanimeerde en interactieve visualisaties in Python. Het wordt vaak gebruikt voor het plotten van grafieken, histogrammen en andere visualisaties.

5. **Scikit-learn**: Scikit-learn is een machine learning-bibliotheek voor Python die eenvoudige en efficiënte tools biedt voor data-analyse en -modellering. Het ondersteunt verschillende algoritmen voor classificatie, regressie en clustering.

6. **Flask**: Flask is een micro webframework voor Python dat wordt gebruikt voor het ontwikkelen van webapplicaties. Het is lichtgewicht en flexibel, waardoor het ideaal is voor kleine tot middelgrote projecten.

7. **Django**: Django is een hoogwaardig webframework voor Python dat de snelle ontwikkeling van veilige en onderhoudbare websites bevordert. Het wordt geleverd met veel ingebouwde functionaliteiten, zoals authenticatie en een ORM.

8. **Beautiful Soup**: Beautiful Soup is een bibliotheek voor het parseren van HTML en XML-documenten. Het wordt vaak gebruikt voor webscraping, waarbij gegevens uit webpagina's worden geëxtraheerd.

9. **TensorFlow**: TensorFlow is een open-source bibliotheek voor numerieke berekeningen en machine learning. Het wordt vaak gebruikt voor het bouwen en trainen van neurale netwerken en andere machine learning-modellen.

10. **PyTorch**: PyTorch is een open-source machine learning-bibliotheek die wordt gebruikt voor toepassingen zoals computer vision en natuurlijke taalverwerking. Het biedt een flexibel en dynamisch computationeel grafiekmodel.

11. **SQLAlchemy**: SQLAlchemy is een SQL-toolkit en Object-Relational Mapping (ORM) bibliotheek voor Python. Het biedt een volledige suite van goed ontworpen API's voor high-level database interacties.

12. **Pillow**: Pillow is een fork van de Python Imaging Library (PIL) en biedt uitgebreide mogelijkheden voor het openen, manipuleren en opslaan van vele verschillende beeldformaten.

13. **Celery**: Celery is een asynchrone taakqueue/jobqueue gebaseerd op gedistribueerde berichtgeving. Het wordt gebruikt voor het uitvoeren van realtime bewerkingen in de achtergrond van applicaties.

14. **pytest**: pytest is een framework voor het eenvoudig en schaalbaar testen van Python-code. Het ondersteunt fixtures, parametrisatie en heeft een rijke plug-in architectuur.

15. **Seaborn**: Seaborn is een Python-visualisatiebibliotheek die is gebaseerd op Matplotlib. Het biedt een hoog niveau interface voor het tekenen van aantrekkelijke en informatieve statistische grafieken.

16. **Jupyter Notebook**: Jupyter Notebook is een open-source webapplicatie waarmee je live code, vergelijkingen, visualisaties en verhalende tekst kunt creëren en delen. Het wordt veel gebruikt in data-analyse, wetenschappelijk onderzoek en machine

learning.

17. **Scrapy**: Scrapy is een open-source en collaboratief webcrawling framework voor Python. Het wordt gebruikt om efficiënt en op een snelle manier webpagina's te extraheren en te verwerken.

18. **Keras**: Keras is een open-source neural network library geschreven in Python. Het is ontworpen om snel te kunnen experimenteren met deep learning en is gebouwd bovenop TensorFlow.

19. **NLTK (Natural Language Toolkit)**: NLTK is een toonaangevende platform voor het bouwen van Python-programma's om met menselijke taal te werken. Het biedt eenvoudige interfaces naar meer dan 50 corpora en lexicale bronnen.

20. **OpenCV**: OpenCV is een open-source computer vision en machine learning softwarebibliotheek. Het bevat meer dan 2500 geoptimaliseerde algoritmen voor beeldverwerking en computer vision.

21. **Twisted**: Twisted is een event-driven netwerkprogramma framework geschreven in Python. Het ondersteunt veel protocollen en wordt gebruikt voor het bouwen van netwerkapplicaties.

22. **PyGame**: PyGame is een set van cross-platform Python-modules die zijn ontworpen voor het schrijven van videogames. Het bevat computer graphics en geluid bibliotheken om het maken van games te vergemakkelijken.

23. **Paramiko**: Paramiko is een Python-implementatie van het SSHv2-protocol, met ondersteuning voor zowel client- als serverfunctionaliteit. Het biedt de mogelijkheid om veilige verbindingen te maken voor het uitvoeren van opdrachten en het overdragen van bestanden.

24. **Boto3**: Boto3 is de Amazon Web Services (AWS) Software Development Kit (SDK) voor Python, die de integratie van uw Python-toepassing met AWS-diensten zoals S3, EC2 en DynamoDB vergemakkelijkt.

25. **Pytest**: Pytest is een krachtig testframework voor Python dat het schrijven van eenvoudige en schaalbare testcases mogelijk maakt. Het ondersteunt fixtures, parametrisatie en heeft een rijke plug-in architectuur.

26. **Selenium**: Selenium is een krachtige tool voor het aansturen van webbrowsers via programma's en het automatiseren van browseracties. Het wordt vaak gebruikt voor het testen van webapplicaties.

18. Toekomstige Leren in Python: Welke Richting Kies Jij?

Je hebt de basis van **Python** geleerd – gefeliciteerd! 🎉 Maar wat nu? Python is een krachtige en veelzijdige programmeertaal die in veel verschillende vakgebieden wordt gebruikt. Afhankelijk van je interesse kun je verschillende richtingen inslaan. In deze gids bespreken we de belangrijkste paden en welke extra kennis je nodig hebt om verder te groeien.

1. Data Science & Machine Learning

Wil je werken met grote hoeveelheden gegevens, voorspellingen doen en patronen ontdekken? **Data Science en Machine Learning** zijn razend populair en Python is een van de beste talen voor deze gebieden.

🔷 Wat je nog moet leren:

- **NumPy & Pandas** – Werken met arrays, tabellen en datasets.
- **Matplotlib & Seaborn** – Data visualiseren met grafieken.
- **Scikit-learn** – Machine learning-algoritmes gebruiken.
- **TensorFlow/PyTorch** – Neurale netwerken en deep learning.
- **SQL** – Data ophalen uit databases.
- **Statistiek & wiskunde** – Kansberekening, regressie, matrices.

🔥 Wat kun je ermee doen?

- Voorspellende modellen bouwen (bijvoorbeeld weersvoorspellingen).
- Klantgedrag analyseren en aanbevelingssystemen maken.
- AI trainen om afbeeldingen en tekst te herkennen.
- Data visualiseren en inzichtelijk maken voor bedrijven.

🚀 **Aanbevolen volgende stap:** Probeer een klein **data-analyseproject** met Pandas en Matplotlib, zoals het analyseren van een dataset met verkoopcijfers.

2. Webontwikkeling

Wil je interactieve websites en webapps maken? Dan is **webontwikkeling** iets voor jou! Python biedt krachtige frameworks om snel webapplicaties te bouwen.

🔷 Wat je nog moet leren:

■ **Flask of Django** – Webframeworks om webapps te bouwen.
■ **HTML, CSS & JavaScript** – Frontend-technologieën voor de gebruikersinterface.
■ **SQL & databases (PostgreSQL, SQLite, MySQL)** – Gegevens opslaan en beheren.
■ **REST API's** – Webservices bouwen en gebruiken.
■ **Authenticatie & beveiliging** – Gebruikersaccounts en autorisatie beheren.

🔥 Wat kun je ermee doen?

- Websites en dashboards bouwen.
- Een backend voor mobiele apps maken.
- Webapplicaties ontwikkelen zoals blogs of online winkels.
- API's bouwen om data aan andere systemen aan te bieden.

🚀 **Aanbevolen volgende stap:** Maak een eenvoudige **to-do lijst webapp** met Flask of Django.

3. Automatisering & Scripting

Wil je saaie taken automatiseren en tijd besparen? Python is perfect voor **automatisering en scripting**!

🔷 Wat je nog moet leren:

■ **OS & shutil** – Werken met bestanden en mappen.
■ **Requests & Beautiful Soup** – Webscraping en data verzamelen van websites.
■ **Selenium** – Browsers automatiseren en testen.
■ **Regular Expressions (re-module)** – Tekst en patronen herkennen en manipuleren.
■ **PyAutoGUI** – Muis- en toetsenbordacties automatiseren.

🔥 Wat kun je ermee doen?

- Bestanden hernoemen of sorteren in bulk.
- Automatisch e-mails versturen.
- Gegevens van websites verzamelen en verwerken.
- Webpagina's en formulieren automatisch invullen.
- Rapporten en grafieken genereren.

🚀 **Aanbevolen volgende stap:** Schrijf een script dat **automatisch de weersvoorspelling ophaalt en in een bestand opslaat**.

4. Game Development

Wil je je eigen **games** maken? Python biedt frameworks om 2D-games en zelfs 3D-games te bouwen.

🔷 Wat je nog moet leren:

■ **Pygame** – Basisbibliotheek voor 2D-spellen.
■ **Godot (met Python GDScript)** – 2D/3D game engine.
■ **Unity (met C#)** – Wil je verder dan Python? Unity gebruikt C#.
■ **Fysica & wiskunde** – Bewegingslogica en botsingen.

🔥 Wat kun je ermee doen?

- Eenvoudige **arcade games** maken (zoals Snake of Pong).
- Complexere **platformers en RPG's** bouwen.
- Fysicasimulaties en AI toevoegen aan games.

🚀 **Aanbevolen volgende stap:** Maak een eenvoudige **Snake-game** met Pygame.

5. Cybersecurity & Ethical Hacking

Ben je geïnteresseerd in **beveiliging, hacking en penetratietesten**? Python wordt veel gebruikt in cybersecurity.

◆ Wat je nog moet leren:

◼ **Socket-programmering** – Netwerkverbindingen en servers bouwen.
◼ **Cryptography module** – Encryptie en hashing toepassen.
◼ **Scapy** – Netwerkpakketten analyseren en manipuleren.
◼ **Ethical hacking tools zoals Metasploit & Nmap**.

🔥 Wat kun je ermee doen?

- Netwerken en systemen testen op kwetsbaarheden.
- Geautomatiseerde security-scanners bouwen.
- Beveiligingssoftware ontwikkelen.

🚀 **Aanbevolen volgende stap:** Leer hoe je **een eenvoudige netwerk scanner** maakt met Python.

6. Kunstmatige Intelligentie & NLP (Natural Language Processing)

Wil je dat computers **taal begrijpen en genereren**? NLP en AI worden steeds belangrijker!

◆ Wat je nog moet leren:

◼ **NLTK & SpaCy** – Taalverwerking en tekstanalyse.
◼ **Transformers (Hugging Face)** – AI-modellen zoals ChatGPT gebruiken.
◼ **Speech Recognition** – Stem omzetten naar tekst.
◼ **Text-to-Speech (TTS)** – Tekst laten spreken.

🔥 Wat kun je ermee doen?

- Chatbots en spraakassistenten bouwen.
- Tekstanalyse en sentimentanalyse doen.
- Automatische samenvattingen en vertalingen maken.

🚀 **Aanbevolen volgende stap:** Maak een **chatbot** die vragen beantwoordt met NLTK of Transformers.

Welke richting past bij jou?

Hier zijn enkele suggesties afhankelijk van je interesses:

- **Vind je data en patronen interessant?** → Data Science & Machine Learning
- **Wil je websites bouwen?** → Webontwikkeling
- **Wil je repetitieve taken automatiseren?** → Automatisering & Scripting
- **Wil je games maken?** → Game Development
- **Wil je netwerken en systemen beveiligen?** → Cybersecurity
- **Wil je AI en spraakherkenning gebruiken?** → AI & NLP

Bonus: Algemene Vaardigheden om verder te groeien

- **Git & GitHub** → Versiebeheer en samenwerken aan projecten.
- **Command Line (Bash/Powershell)** → Efficiënter werken met scripts.
- **Unit Testing (pytest, unittest)** → Code testen en debuggen.
- **Linux & Servers** → Webapplicaties en AI-modellen hosten.

Samenvatting

*Python biedt **veel mogelijkheden** en je kunt je carrière bouwen in verschillende richtingen. Kies een gebied dat je interesseert, leer de bijbehorende tools en frameworks en begin met **kleine projecten**.*

🚀 ***Start vandaag!*** *Kies een richting, bouw een project en blijf leren. Python is een krachtig gereedschap, en jij hebt nu de basis om verder te groeien!* 👍👍

Extra: Python cheat sheet

Basis Syntax:

Printen:
```
print("Hallo, wereld!")
```

Variabelen:
```
x = 10
naam = "Jan"
```

Commentaar:
```
#Hier is een commentaar
```

Data Types:
String:
```
tekst = "Python"
```

Integer:
```
getal = 5
```

Float:
```
prijs = 5.99
```

Boolean:
```
waar = True
```

Lijsten (Lists):

Maak een lijst:
```
lijst = [1, 2, 3, 4]
```

Toegang tot elementen:
```
print(lijst[0]) # Eerste element
```

Lijstmethoden:
```
lijst.append(5) # Voeg element toe
lijst.remove(3) # Verwijder element
```

Tuples:

Maak een tuple:
```
tuple_voorbeeld = (1, 2, 3)
```

Dictionaries:

Maak een dictionary:
```
dict_voorbeeld = {"naam": "Jan",
"leeftijd": 25}
```

Toegang tot waarden:
```
print(dict_voorbeeld["naam"]) #
```
Geeft "Jan" terug

Conditionele Logica:

If-statement:
```
if x > 5:
print("x is groter dan 5")
elif x == 5:
print("x is gelijk aan 5")
else:
print("x is kleiner dan 5")
```

Loops:

For-loop:
```
for i in range(5): # Van 0 t/m 4
print(i)
```

While-loop:
```
count = 0
while count < 5:
print(count)
count += 1
```

Functies:

Definieer een functie:
```
def begroet(naam):
print(f"Hallo, {naam}!")
```

Functie aanroepen:
```
begroet("Jan") # Geeft "Hallo, Jan!"
```
terug

Klassen en Objecten:

Definieer een klasse:
```
class Persoon:
```

```
def init(self, naam, leeftijd):
self.naam = naam
self.leeftijd = leeftijd

def zeg_hoi(self):

    print(f"Hallo, ik ben {self.naam}
en ik ben {self.leeftijd} jaar oud.")
```

Maak een object:
```
persoon1 = Persoon("Jan", 25)
persoon1.zeg_hoi() # Geeft "Hallo,
ik ben Jan en ik ben 25 jaar oud."
```
terug

Importeren van Modules:

Importeer een standaardmodule:
```
import math
print(math.sqrt(16)) # Geeft 4.0
```
terug

Bestanden:

Bestand lezen:
```
with open('bestand.txt', 'r') as
bestand:
inhoud = bestand.read()
print(inhoud)
```

Bestand schrijven:
```
with open('bestand.txt', 'w') as
bestand:
bestand.write("Hallo, wereld!")
```

Fouten en Uitzonderingen:

Try-except blok:
```
try:
x = 1 / 0
except ZeroDivisionError:
print("Kan niet door nul delen!")
```

DEEL 2:
Kunstmatige
intelligentie

18. Basisprincipes van Kunstmatige Intelligentie

Kunstmatige Intelligentie (AI) is een van de meest baanbrekende technologieën van deze tijd. Het beïnvloedt bijna elk aspect van ons leven, van hoe we online winkelen tot hoe artsen ziektes opsporen. Maar wat is AI precies? Hoe verschilt het van gewone software? In dit hoofdstuk leer je de basisprincipes van AI, de verschillende vormen en toepassingen, en hoe Machine Learning en Deep Learning hierin passen.

Wat is Kunstmatige Intelligentie?

AI (Artificial Intelligence) verwijst naar computers en software die taken uitvoeren waarvoor normaal gesproken menselijke intelligentie nodig is. Denk hierbij aan **leren**, **redeneren**, **probleemoplossing**, **patroonherkenning** en **besluitvorming**.

Een AI-systeem probeert menselijke denkprocessen te imiteren, maar het betekent niet dat een computer echt 'denkt' zoals een mens. Het voert taken uit op basis van gegevens en wiskundige modellen.

Een eenvoudige definitie van AI is:

> **AI is een technologie waarmee computers zelfstandig problemen kunnen oplossen en beslissingen kunnen nemen, zonder expliciete menselijke instructies voor elke stap.**

Een voorbeeld hiervan is een **slimme thermostaat**, die leert hoe je je huis verwarmt en automatisch de temperatuur aanpast op basis van je gewoontes.

Korte Geschiedenis van AI

AI is geen nieuwe technologie. De ontwikkeling ervan begon al in de **jaren 50**, toen wetenschappers zich afvroegen of computers intelligent gedrag konden vertonen. Hier zijn enkele belangrijke mijlpalen:

- **1950:** Alan Turing introduceert de **Turing-test**, een experiment om te bepalen of een machine menselijke intelligentie kan nabootsen.

- **1956:** John McCarthy organiseert de eerste conferentie over AI en introduceert de term "Artificial Intelligence".
- **1980s:** Machine Learning (ML) komt op als een manier om computers zelfstandig patronen te laten herkennen.
- **2010s:** Deep Learning maakt spectaculaire vooruitgang, dankzij snellere computers en grote hoeveelheden data. Dit leidt tot toepassingen zoals gezichtsherkenning en spraakassistenten zoals Siri en Google Assistant.

Vandaag de dag is AI een kernonderdeel van technologieën zoals **zelfrijdende auto's, medische diagnostiek en gepersonaliseerde aanbevelingen op Netflix**.

AI in het Dagelijks Leven en de Industrie

AI wordt op veel verschillende manieren toegepast. Je komt het dagelijks tegen, vaak zonder dat je het doorhebt. Hier zijn enkele **praktische toepassingen** van AI:

Dagelijks leven:

Slimme assistenten zoals Siri, Google Assistant en Alexa die spraakopdrachten begrijpen.
Netflix en YouTube gebruiken AI om aanbevelingen te doen op basis van jouw kijkgedrag.
Google Translate gebruikt AI om automatisch teksten te vertalen.
Gezichtsherkenning op smartphones, zoals Face ID.

Industrie en wetenschap:

Zelfrijdende auto's die AI gebruiken om de weg en andere auto's te herkennen.
Medische diagnostiek, bijvoorbeeld AI die röntgenfoto's analyseert om tumoren te herkennen.
Financiële sector, waar AI wordt gebruikt om fraude te detecteren en aandelen te voorspellen.
Productie en robots, waarbij AI wordt gebruikt om machines autonoom te laten werken in fabrieken.

AI wordt steeds slimmer en efficiënter. Dit maakt het een **krachtige tool** die zowel bedrijven als individuen helpt om betere beslissingen te nemen en taken te automatiseren.

AI kan worden onderverdeeld in **twee hoofdtypen**:

Smalle AI (Weak AI)

De meeste AI-systemen die we vandaag gebruiken zijn **smalle AI**. Dit betekent dat ze **één specifieke taak** heel goed kunnen uitvoeren, maar niet zelfstandig kunnen nadenken buiten dat domein.

Voorbeelden van Smalle AI:

- Een spamfilter in je e-mail
- Een chatbot die klantenservicevragen beantwoordt
- Een AI die medische scans analyseert

Deze AI's zijn krachtig, maar hebben **geen bewustzijn of algemene intelligentie**.

Sterke AI (Strong AI)

Sterke AI, ook wel **Artificial General Intelligence (AGI)** genoemd, zou een computer zijn die **net zo intelligent is als een mens**. Dit betekent dat het:

Nieuwe taken kan leren zonder specifieke programmering
Complexe problemen kan oplossen op verschillende gebieden
Zelfbewust kan worden en emoties kan begrijpen

Sterke AI bestaat **nog niet**, maar onderzoekers proberen het te ontwikkelen. Dit is het soort AI dat je vaak ziet in sciencefiction, zoals de robots in films als *I, Robot* en *Ex Machina*.

Machine Learning en Deep Learning

Veel AI-systemen maken gebruik van **Machine Learning (ML)** en **Deep Learning (DL)**. Maar wat is het verschil?

Machine Learning is een techniek waarmee computers leren **zonder expliciet geprogrammeerd te worden**. In plaats van dat een programmeur elke stap definieert, krijgt het systeem een **dataset** en ontdekt het zelf patronen.

Voorbeelden van Machine Learning:

- Een AI die leert om e-mails als *spam* of *geen spam* te classificeren
- Een algoritme dat huizenprijzen voorspelt op basis van historische data
- Een systeem dat frauduleuze creditcardtransacties herkent

Er zijn verschillende soorten Machine Learning, zoals **supervised learning**, **unsupervised learning** en **reinforcement learning**.

Deep Learning is een subcategorie van Machine Learning die gebruikmaakt van **neurale netwerken**, geïnspireerd door hoe het menselijk brein werkt.

Waar wordt Deep Learning voor gebruikt?

- **Gezichtsherkenning** (zoals Face ID op je telefoon)
- **Zelfrijdende auto's** die verkeersborden en obstakels detecteren
- **Taalmodellen zoals ChatGPT** die mensachtige gesprekken voeren

Deep Learning heeft geleid tot grote doorbraken in AI, vooral op gebieden als **beeld- en spraakherkenning**.

Samenvatting

In dit hoofdstuk heb je geleerd:
Wat Kunstmatige Intelligentie (AI) is en hoe het zich onderscheidt van gewone software.
Hoe AI in ons dagelijks leven en in de industrie wordt toegepast.
De twee hoofdtypen AI: **smalle AI en sterke AI**.
De relatie tussen **Machine Learning en Deep Learning**.

19. Werken met Data – De Basis van AI

Data vormt de kern van kunstmatige intelligentie. Zonder data kunnen AI-modellen niet leren of nuttige voorspellingen doen. Data is de brandstof die AI aandrijft en bepaalt in grote mate de prestaties van een model. In dit hoofdstuk leer je wat een dataset is, hoe je ermee werkt in Python en waarom data schoonmaak en preprocessing essentieel zijn.

Dit hoofdstuk behandelt de basisprincipes van **pandas** en **numpy**, twee veelgebruikte Python-bibliotheken voor dataverwerking. Daarnaast leer je hoe je datasets kunt inlezen, bewerken en opschonen, zodat ze bruikbaar zijn voor AI-modellen.

Wat is een Dataset?

Een **dataset** is een verzameling gegevens die wordt gebruikt om patronen te ontdekken en AI-modellen te trainen. Een dataset kan verschillende vormen hebben, afhankelijk van het doel en de structuur van de gegevens.

Gestructureerde vs. Ongestructureerde Data

Data kan opgedeeld worden in twee hoofdcategorieën:

1. **Gestructureerde data**
   - Georganiseerde gegevens in tabellen met rijen en kolommen
   - Bevat vaste velden zoals namen, getallen en datums
   - Voorbeelden: Excel-bestanden, databases, CSV-bestanden
2. **Ongestructureerde data**
   - Ongeorganiseerde gegevens zonder duidelijke structuur
   - Kan tekst, afbeeldingen, audio of video bevatten
   - Voorbeelden: social media posts, e-mails, foto's en gesproken teksten

Voor AI-modellen is gestructureerde data vaak gemakkelijker te verwerken, terwijl ongestructureerde data eerst getransformeerd moet worden naar een bruikbaar formaat, bijvoorbeeld door tekst te tokeniseren of afbeeldingen om te zetten naar pixelwaarden.

Werken met Datasets in Python

Python biedt krachtige bibliotheken voor het inladen, analyseren en manipuleren van data. De belangrijkste hiervan zijn **pandas** en **numpy**.

Installeren van pandas en numpy in Thonny

U hebt in eerdere hoofdstukken al geleerd over Thonny. Thonny is een gebruiksvriendelijke Python-omgeving die populair is bij beginners. Om **pandas** en **numpy** in Thonny te installeren, volg je onderstaande stappen.

Stap 1: Controleer of Thonny is geïnstalleerd

Voordat je pandas en numpy kunt installeren, moet je er zeker van zijn dat Thonny correct is geïnstalleerd. Als je Thonny nog niet hebt geïnstalleerd, kun je het downloaden en installeren vanaf de officiële website www.thonny.org. Na installatie kun je Thonny openen door het programma op te starten.

Stap 2: Open de 'Manage packages' optie

Thonny heeft een ingebouwde functie om extra Python-bibliotheken eenvoudig te installeren.

1. Open **Thonny**.
2. Ga naar het menu **"Tools"** (Extra's) en klik op **"Manage packages"** (Pakketten beheren).
3. Er verschijnt een nieuw venster waarin je Python-pakketten kunt zoeken en installeren.

Stap 3: pandas en numpy installeren

1. In het zoekveld typ je **pandas** en druk je op **Enter**.
2. Selecteer **pandas** uit de lijst en klik op **Install**.
3. Wacht totdat de installatie is voltooid.
4. Herhaal hetzelfde proces voor **numpy**.

Alternatief: Je kunt ook de **Terminal (Shell)** van Thonny gebruiken om de pakketten te installeren.

1. Open **Thonny** en klik onderaan op het tabblad **Shell**.
2. Typ de volgende opdracht en druk op **Enter**: pip install pandas numpy
3. Wacht tot de installatie is voltooid. Als alles goed gaat, zie je een bericht dat de pakketten succesvol zijn geïnstalleerd.

Stap 4: Controleer of de installatie gelukt is

Om te controleren of pandas en numpy correct zijn geïnstalleerd, kun je een klein testscript uitvoeren in Thonny.

1. Open een nieuw Python-bestand in Thonny.
2. Typ het volgende script:
   import pandas as pd
   import numpy as np
   print("pandas versie:", pd.__version__)
   print("numpy versie:", np.__version__)
3. Klik op **Run** (Uitvoeren).
4. Als pandas en numpy correct zijn geïnstalleerd, zie je de versienummers van beide pakketten in de **Shell**.

Veelvoorkomende Problemen en Oplossingen

Probleem: "pip is not recognized" of "ModuleNotFoundError: No module named 'pandas'"
Oplossing: Probeer `pip` eerst bij te werken door dit commando in de **Shell** uit te voeren:

pip install --upgrade pip

Daarna kun je pandas en numpy opnieuw installeren met `pip install pandas numpy`.

Probleem: Installatie duurt te lang of stopt
 Oplossing: Controleer je internetverbinding of herstart Thonny en probeer opnieuw.

Na het volgen van deze stappen kun je pandas en numpy zonder problemen gebruiken in Thonny om datasets te analyseren en te verwerken.

Inlezen van Datasets met pandas

De bibliotheek **pandas** maakt het eenvoudig om datasets te laden en te bewerken. Een veelgebruikte methode is het inlezen van een **CSV-bestand**. Maak eerst een .csv (excel) bestand met naam "dummy_producten" in dezelfde map waarin jouw python bestand zich bevindt. Je .csv bestand kan volgende inhoud hebben:

	A	B	C	D	E	F
1	ProductID	ProductNaam	Prijs	Voorraad	Beoordeling	Categorie
2	101	Laptop	899.99	10	4.5	Elektronica
3	102	Smartphone	599.49	25	4.7	Elektronica
4	103	Koptelefoon	129.99	50	4.3	Accessoires
5	104	Toetsenbord	79.99	40	4.2	Accessoires
6	105	Muis	49.99	60	4.1	Accessoires
7	106	Monitor	249.99	15	4.6	Elektronica
8	107	USB-stick	19.99	100	3.9	Opslag
9	108	Printer	149.99	20	4	Elektronica
10	109	Tablet	399.99	30	4.4	Elektronica
11	110	Speaker	89.99	45	4.3	Audio

Open vervolgens jouw python bestand (of maak er een op dezelfde plek als jouw .csv bestand) en voeg volgende code in:

```
import pandas as pd

# Inlezen van een CSV-bestand

df = pd.read_csv("dummy_producten.csv")

# De eerste vijf rijen van de dataset bekijken

print(df.head())
```

Voer je code uit in Thonny (groene play knop).

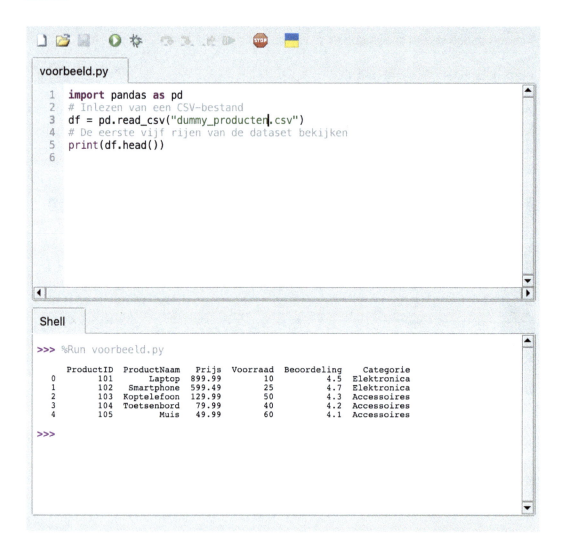

```
voorbeeld.py

1  import pandas as pd
2  # Inlezen van een CSV-bestand
3  df = pd.read_csv("dummy_producten.csv")
4  # De eerste vijf rijen van de dataset bekijken
5  print(df.head())
6
```

```
Shell

>>> %Run voorbeeld.py

     ProductID  ProductNaam   Prijs  Voorraad  Beoordeling   Categorie
0          101       Laptop  899.99        10          4.5  Elektronica
1          102   Smartphone  599.49        25          4.7  Elektronica
2          103  Koptelefoon  129.99        50          4.3  Accessoires
3          104  Toetsenbord   79.99        40          4.2  Accessoires
4          105         Muis   49.99        60          4.1  Accessoires

>>>
```

Met df.head() worden de eerste vijf rijen weergegeven, zodat je snel een indruk krijgt van de gegevens.

Andere veelgebruikte bestandsformaten die met pandas kunnen worden ingelezen:

- **Excel-bestanden:** pd.read_excel("bestand.xlsx")
- **JSON-bestanden:** pd.read_json("bestand.json")
- **SQL-databases:** pd.read_sql("SELECT * FROM tabel", verbinding)

Data Bekijken en Analyseren

Zodra de dataset is ingeladen, is het belangrijk om inzicht te krijgen in de structuur en inhoud.

Algemene informatie over de dataset

print(df.info())

Basisstatistieken van numerieke kolommen

print(df.describe())

Bekijken van kolomnamen

print(df.columns)

```
voorbeeld.py
 1  import pandas as pd
 2  # Inlezen van een CSV-bestand
 3  df = pd.read_csv("dummy_producten.csv")
 4  # Algemene informatie over de dataset
 5  print(df.info())
 6  # Basisstatistieken van numerieke kolommen
 7  print(df.describe())
 8  # Bekijken van kolomnamen
 9  print(df.columns)
10
11
```

```
Shell
>>> %Run voorbeeld.py

  <class 'pandas.core.frame.DataFrame'>
  RangeIndex: 10 entries, 0 to 9
  Data columns (total 6 columns):
   #   Column       Non-Null Count  Dtype
  ---  ------       --------------  -----
   0   ProductID    10 non-null     int64
   1   ProductNaam  10 non-null     object
   2   Prijs        10 non-null     float64
   3   Voorraad     10 non-null     int64
   4   Beoordeling  10 non-null     float64
   5   Categorie    10 non-null     object
  dtypes: float64(2), int64(2), object(2)
  memory usage: 608.0+ bytes
  None
            ProductID       Prijs    Voorraad  Beoordeling
  count   10.00000   10.000000   10.000000    10.000000
  mean   105.50000  266.940000   39.500000     4.300000
  std      3.02765  285.983143   26.609313     0.258199
  min    101.00000   19.990000   10.000000     3.900000
  25%    103.25000   82.490000   21.250000     4.125000
  50%    105.50000  139.990000   35.000000     4.300000
  75%    107.75000  362.490000   48.750000     4.475000
  max    110.00000  899.990000  100.000000     4.700000
  Index(['ProductID', 'ProductNaam', 'Prijs', 'Voorraad', 'Beoordeling',
         'Categorie'],
        dtype='object')

>>>
```

De methode `df.info()` laat zien welke kolommen er zijn, hoeveel ontbrekende waarden er zijn en welke datatypes worden gebruikt. Met `df.describe()` worden statistieken zoals het gemiddelde, de standaardafwijking en de minimum- en maximumwaarden berekend.

Data Manipuleren met pandas

Het aanpassen van datasets is vaak nodig om de gegevens geschikt te maken voor een AI-model. Met pandas kunnen eenvoudig kolommen worden gefilterd, rijen worden geselecteerd en gegevens worden getransformeerd.

```python
# Alleen de kolom 'Prijs' bekijken

print(df["Prijs"])

# Rijen filteren waar de prijs hoger is dan 50

df_filter = df[df["Prijs"] > 50]

# Een nieuwe kolom toevoegen

df["Kortingsprijs"] = df["Prijs"] * 0.9
```

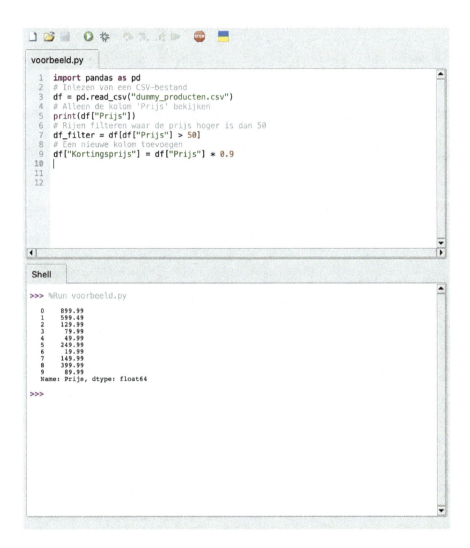

```
voorbeeld.py
 1  import pandas as pd
 2  # Inlezen van een CSV-bestand
 3  df = pd.read_csv("dummy_producten.csv")
 4  # Alleen de kolom 'Prijs' bekijken
 5  print(df["Prijs"])
 6  # Rijen filteren waar de prijs hoger is dan 50
 7  df_filter = df[df["Prijs"] > 50]
 8  # Een nieuwe kolom toevoegen
 9  df["Kortingsprijs"] = df["Prijs"] * 0.9
10  |
11
12
```

```
Shell
>>> %Run voorbeeld.py

0     899.99
1     599.49
2     129.99
3      79.99
4      49.99
5     249.99
6      19.99
7     149.99
8     399.99
9      89.99
Name: Prijs, dtype: float64

>>>
```

Met deze technieken kunnen grote datasets snel en efficiënt worden aangepast aan de behoeften van een AI-toepassing.

Basisstatistieken Berekenen met numpy en pandas

Om data beter te begrijpen, is het nuttig om basisstatistieken te berekenen. Dit helpt bij het opsporen van afwijkingen en geeft inzicht in de verdeling van de data.

Gemiddelde, Mediaan en Standaardafwijking

Het gemiddelde is de som van alle getallen in een dataset, gedeeld door het aantal getallen in die dataset. Het is een maat voor het 'centrum' van de data.

De mediaan is de middelste waarde in een dataset die van klein naar groot is geordend. Als de dataset een even aantal getallen bevat, is de mediaan het gemiddelde van de twee middelste getallen. De mediaan is minder gevoelig voor extreme waarden dan het gemiddelde.

De standaardafwijking is een maat voor de spreiding van de data rondom het gemiddelde. Een kleine standaardafwijking betekent dat de data dicht bij het gemiddelde liggen, terwijl een grote standaardafwijking betekent dat de data meer verspreid zijn.

Voeg volgende code aan je bestaande codes:

```python
import numpy as np

# Gemiddelde van een kolom
gemiddelde = np.mean(df["Prijs"])

# Mediaan van een kolom
mediaan = np.median(df["Prijs"])

# Standaardafwijking berekenen
standaardafwijking = np.std(df["Prijs"])

print(f"Gemiddelde: {gemiddelde}, Mediaan: {mediaan}, Standaardafwijking: {standaardafwijking}")
```

```
voorbeeld.py
 1  import pandas as pd
 2  import numpy as np
 3  # Inlezen van een CSV-bestand
 4  df = pd.read_csv("dummy_producten.csv")
 5  # Gemiddelde van een kolom
 6  gemiddelde = np.mean(df["Prijs"])
 7  # Mediaan van een kolom
 8  mediaan = np.median(df["Prijs"])
 9  # Standaardafwijking berekenen
10  standaardafwijking = np.std(df["Prijs"])
11  print(f"Gemiddelde: {gemiddelde}, Mediaan: {mediaan}, Standaardafwijking: {standaa
12
13
14
15
```

```
Shell

>>> %Run voorbeeld.py

  Gemiddelde: 266.93999999999994, Mediaan: 139.99, Standaardafwijking: 271.30743170801645

>>>
```

Deze statistieken geven een goed beeld van hoe de waarden in een dataset verdeeld zijn.

Data Opschonen: Missende Waarden, Duplicaten en Outliers

Voordat een AI-model met data kan werken, moet de dataset **schoongemaakt** worden. Dit omvat het verwijderen van missende waarden, dubbele rijen en extreme afwijkingen (outliers).

Missende Waarden

Lege cellen of ontbrekende waarden zijn een veelvoorkomend probleem in datasets. Ze kunnen ontstaan door verschillende oorzaken, zoals:

- **Fouten bij de dataverzameling:** Bijvoorbeeld, een respondent die een vraag niet heeft beantwoord in een enquête.
- **Technische problemen:** Bijvoorbeeld, een probleem met een sensor die data verzamelt.
- **Data die niet beschikbaar is:** Bijvoorbeeld, historische data die niet meer beschikbaar is.

Er zijn verschillende manieren om met lege cellen of ontbrekende waarden om te gaan, elk met hun eigen voor- en nadelen:

1. Verwijderen van rijen of kolommen

- **Voordeel:** Eenvoudig te implementeren.
- **Nadeel:** Kan leiden tot verlies van waardevolle informatie als veel rijen of kolommen ontbrekende waarden bevatten.

2. Opvullen van ontbrekende waarden

- **Gemiddelde of mediaan:** Vervang de ontbrekende waarde door het gemiddelde of de mediaan van de andere waarden in de kolom.
  - **Voordeel:** Eenvoudig te implementeren.
  - **Nadeel:** Kan de verdeling van de data verstoren en leiden tot vertekende resultaten.
- **Interpolatie:** Gebruik een wiskundige functie om de ontbrekende waarde in te schatten op basis van de omringende waarden.

- ○ **Voordeel:** Kan nauwkeurigere schattingen opleveren dan het gemiddelde of de mediaan.
- ○ **Nadeel:** Complexer te implementeren.
- **Machine learning:** Gebruik een machine learning model om de ontbrekende waarde in te schatten.
  - ○ **Voordeel:** Kan zeer nauwkeurige schattingen opleveren.
  - ○ **Nadeel:** Complexer te implementeren en vereist training van een model.

3. Imputatie

Imputatie is een geavanceerde techniek waarbij ontbrekende waarden worden vervangen door plausibele schattingen op basis van de andere variabelen in de dataset.

- **Voordeel:** Kan leiden tot betere resultaten dan eenvoudigere methoden, vooral als de ontbrekende waarden niet willekeurig zijn.
- **Nadeel:** Complexer te implementeren.

De beste methode om met lege cellen of ontbrekende waarden om te gaan, hangt af van de specifieke dataset en het doel van de analyse. Overweeg de volgende factoren:

- **Hoeveelheid ontbrekende data:** Als er weinig ontbrekende waarden zijn, kan verwijdering van rijen of kolommen een goede optie zijn.
- **Patroon van de ontbrekende data:** Als de ontbrekende waarden niet willekeurig zijn, kan imputatie een betere optie zijn.
- **Type data:** Voor numerieke data kunnen methoden zoals gemiddelde, mediaan of interpolatie geschikt zijn. Voor categorische data kunnen andere methoden nodig zijn.
- **Doel van de analyse:** Als het doel is om nauwkeurige schattingen te maken, kunnen complexere methoden zoals imputatie of machine learning nodig zijn.

Hoe wij lege cellen kunnen opsporen met behulp van onze code, zie je in de voorbeeld hieronder:

```
# Bekijken van missende waarden per kolom

print(df.isnull().sum())

# Missende waarden verwijderen
```

df_cleaned = df.dropna()

Missende waarden invullen met het gemiddelde

df["Prijs"] = df["Prijs"].fillna(df["Prijs"].mean())

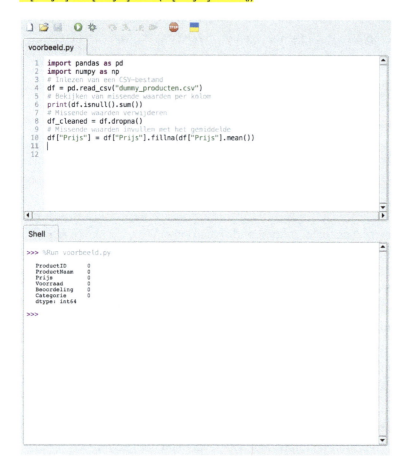

```
voorbeeld.py
1  import pandas as pd
2  import numpy as np
3  # Inlezen van een CSV-bestand
4  df = pd.read_csv("dummy_producten.csv")
5  # Bekijken van missende waarden per kolom
6  print(df.isnull().sum())
7  # Missende waarden verwijderen
8  df_cleaned = df.dropna()
9  # Missende waarden invullen met het gemiddelde
10 df["Prijs"] = df["Prijs"].fillna(df["Prijs"].mean())
11 |
12
```

```
Shell
>>> %Run voorbeeld.py

    ProductID      0
    ProductNaam    0
    Prijs          0
    Voorraad       0
    Beoordeling    0
    Categorie      0
    dtype: int64

>>>
```

Het invullen van missende waarden met een gemiddelde of mediaan voorkomt dat er waardevolle data verloren gaat.

Duplicaten Verwijderen

Duplicaten in datasets kunnen een ernstig probleem vormen bij data-analyse. Ze kunnen leiden tot vertekende resultaten en verkeerde conclusies. Duplicaten kunnen ontstaan door verschillende oorzaken, zoals fouten bij de dataverzameling, het samenvoegen van datasets of technische problemen. Het is belangrijk om duplicaten op te sporen en te verwijderen voordat de data-analyse wordt uitgevoerd. Er zijn verschillende methoden om duplicaten op te sporen, zoals het vergelijken van rijen of het gebruik van hash-functies. Nadat de duplicaten zijn opgespoord, kunnen ze worden verwijderd. Het is belangrijk om te noteren welke duplicaten zijn verwijderd, zodat dit kan worden meegenomen in de interpretatie van de resultaten. Je kan ze zo verwijderen:

```
# Duplicaten verwijderen

df = df.drop_duplicates()
```

Outliers Detecteren en Verwijderen

Extreme waarden, ook wel outliers genoemd, zijn datapunten die significant afwijken van de andere waarden in een dataset. Ze kunnen ontstaan door meetfouten, uitzonderlijke gebeurtenissen of natuurlijke variatie. Outliers kunnen de prestaties van een AI-model negatief beïnvloeden doordat ze het model kunnen verstoren en leiden tot vertekende resultaten. Een veelgebruikte methode om outliers te detecteren is de interkwartielafstand (IQR). De IQR is een maat voor de spreiding van de middelste 50% van de data. Om outliers te detecteren met de IQR, worden de volgende stappen doorlopen:

1. Bereken het eerste kwartiel (Q1) en het derde kwartiel (Q3) van de data.
2. Bereken de IQR door Q3 - Q1 te berekenen.
3. Definieer de grenzen voor outliers:
   - Ondergrens = Q1 - 1.5 * IQR
   - Bovengrens = Q3 + 1.5 * IQR
4. Alle datapunten die buiten deze grenzen vallen, worden beschouwd als outliers.

Het is belangrijk om te onthouden dat de IQR-methode slechts een hulpmiddel is voor het detecteren van outliers. Het is altijd belangrijk om de data visueel te inspecteren en de context van de data te begrijpen voordat conclusies worden getrokken over outliers. Voorbeeld zie je in onze code:

```
# Bepalen van het IQR

Q1 = df["Prijs"].quantile(0.25)

Q3 = df["Prijs"].quantile(0.75)

IQR = Q3 - Q1

# Definiëren van de grenzen voor outliers

ondergrens = Q1 - 1.5 * IQR

bovengrens = Q3 + 1.5 * IQR

# Filteren van outliers

df_no_outliers = df[(df["Prijs"] >= ondergrens) & (df["Prijs"] <= bovengrens)]
```

Door outliers te verwijderen of aan te passen, kunnen AI-modellen betrouwbaardere voorspellingen doen.

Samenvatting
In dit hoofdstuk heb je geleerd:

- Wat een dataset is en het verschil tussen gestructureerde en ongestructureerde data.
- Hoe je datasets inlaadt en bekijkt met **pandas** en **numpy**.
- Hoe je basisstatistieken berekent om inzicht te krijgen in de dataset.
- Waarom dataschoonmaak belangrijk is en hoe je missende waarden, duplicaten en outliers verwerkt.

20. Inleiding tot Machine Learning

Machine Learning (ML) is een techniek binnen Kunstmatige Intelligentie (AI) waarmee computers kunnen leren van data zonder expliciet te worden geprogrammeerd. In plaats van een vaste set regels te volgen, herkennen ML-modellen patronen in gegevens en gebruiken die patronen om voorspellingen of beslissingen te maken.

Een eenvoudig voorbeeld is een e-mail spamfilter. In plaats van dat een programmeur handmatig alle spam-e-mails opsomt, leert een machine learning-model om spam te herkennen door eerdere voorbeelden van spam en normale e-mails te analyseren.

Machine Learning wordt gebruikt in veel toepassingen, zoals:

- **Beeldherkenning** (bijvoorbeeld gezichtsherkenning in smartphones)
- **Spraakherkenning** (zoals Siri of Google Assistant)
- **Voorspellende analyses** (zoals Netflix die films aanbeveelt op basis van kijkgeschiedenis)
- **Medische diagnostiek** (het detecteren van ziekten op basis van medische beelden)

Om machine learning goed te begrijpen, is het belangrijk om te weten hoe modellen leren van data. Er zijn verschillende leerparadigma's, waarvan **supervised learning** en **unsupervised learning** de belangrijkste zijn.

Supervised Learning vs. Unsupervised Learning

Machine Learning wordt vaak ingedeeld in twee hoofdtypen: **supervised learning** en **unsupervised learning**.

Supervised Learning

Bij supervised learning leert een model van gelabelde data. Dit betekent dat de dataset voorbeelden bevat waarbij het juiste antwoord al bekend is. Denk aan een dataset met huizenprijzen waarin elke rij de kenmerken van een huis bevat (zoals aantal kamers, grootte en locatie) én de bijbehorende prijs.

Het model leert een relatie te leggen tussen de kenmerken en de prijs, zodat het later de prijs van nieuwe huizen kan voorspellen.

Voorbeelden van supervised learning:

- **Voorspellen van huizenprijzen** op basis van kenmerken (regressieprobleem).
- **E-mails classificeren als 'spam' of 'geen spam'** (classificatieprobleem).
- **Herkennen van handgeschreven cijfers** in een dataset zoals MNIST.

Supervised learning wordt verder onderverdeeld in:

- **Regressie**: het model voorspelt een continue waarde (bijvoorbeeld huizenprijs).
- **Classificatie**: het model voorspelt een discrete klasse (bijvoorbeeld spam of geen spam).

Unsupervised Learning

Bij unsupervised learning krijgt het model **geen gelabelde data**. Het moet zelf patronen en structuren in de gegevens ontdekken. Een voorbeeld is klantsegmentatie: een webshop kan klantgegevens analyseren en automatisch groepen klanten ontdekken die vergelijkbare aankoopgedragingen hebben.

Voorbeelden van unsupervised learning:

- **Clustering** van klanten op basis van koopgedrag (zoals bij Netflix of Spotify).
- **Compressie van data** met Principal Component Analysis (PCA).
- **Detecteren van afwijkingen**, bijvoorbeeld in fraudedetectie.

Het grote verschil met supervised learning is dat unsupervised learning **niet weet wat het juiste antwoord is**, maar patronen zoekt zonder vooraf bepaalde categorieën.

Nu we weten wat supervised en unsupervised learning is, gaan we kijken naar twee eenvoudige ML-modellen:

1. **Lineaire Regressie** – voor continue voorspellingen.
2. **k-Nearest Neighbors (k-NN)** – voor classificatie en regressie.

Lineaire Regressie

Lineaire regressie is een van de eenvoudigste vormen van machine learning en wordt gebruikt om een continue waarde te voorspellen.

Bijvoorbeeld: een makelaar wil huizenprijzen voorspellen op basis van de grootte van een huis. De relatie tussen grootte en prijs kan vaak worden weergegeven als een rechte lijn:

$y = ax + b$ y = a x + b

waarbij:

- yy de te voorspellen variabele is (bijv. huizenprijs),
- xx een kenmerk is (bijv. vierkante meters),
- aa de helling van de lijn is (hoeveel de prijs toeneemt per extra vierkante meter),
- bb de snijpunt met de y-as is.

In Python kunnen we lineaire regressie eenvoudig implementeren met `scikit-learn`:

> *Tip: Vergeet niet de ontbrekende pakketten eerst te installeren in je pakketten manager / pip!*

```python
import numpy as np

import pandas as pd

import matplotlib.pyplot as plt
```

from sklearn.linear_model import LinearRegression

Simpele dataset met huizenprijzen

X = np.array([50, 60, 70, 80, 90, 100]).reshape(-1, 1) # Vierkante meters

y = np.array([150000, 180000, 210000, 240000, 270000, 300000]) # Prijzen

Model trainen

model = LinearRegression()

model.fit(X, y)

Voorspelling maken

X_new = np.array([75]).reshape(-1, 1)

y_pred = model.predict(X_new)

print(f"Geschatte prijs voor een huis van 75m²: €{y_pred[0]:.2f}")

```
voorbeeld.py

2   import pandas as pd
3   import matplotlib.pyplot as plt
4   from sklearn.linear_model import LinearRegression
5
6   # Simpele dataset met huizenprijzen
7   X = np.array([50, 60, 70, 80, 90, 100]).reshape(-1, 1)  # Vierkante meters
8   y = np.array([150000, 180000, 210000, 240000, 270000, 300000])  # Prijzen
9
10  # Model trainen
11  model = LinearRegression()
12  model.fit(X, y)
13
14  # Voorspelling maken
15  X_new = np.array([75]).reshape(-1, 1)
16  y_pred = model.predict(X_new)
17
18  print(f"Geschatte prijs voor een huis van 75m²: €{y_pred[0]:.2f}")
19
```

```
Shell

>>> %Run voorbeeld.py

  Geschatte prijs voor een huis van 75m²: €225000.00

>>>
```

Dit model leert de relatie tussen vierkante meters en de prijs en kan voorspellingen doen voor nieuwe huizen.

k-Nearest Neighbors (k-NN)

Het **k-Nearest Neighbors (k-NN)** algoritme is een eenvoudig classificatiemodel. Het voorspelt de klasse van een nieuw gegeven door te kijken naar de **k** dichtstbijzijnde bekende voorbeelden.

Bijvoorbeeld: we hebben een dataset met bloemen waarin elk voorbeeld informatie bevat over de lengte en breedte van bloemblaadjes, en of het een Iris Setosa of een Iris Versicolor is. Als we een nieuwe bloem meten, kijken we naar de **k** meest vergelijkbare bloemen en laten hen 'stemmen' over de soort. Implementatie in Python:

```python
from sklearn.neighbors import KNeighborsClassifier

from sklearn.datasets import load_iris

from sklearn.model_selection import train_test_split

# Iris dataset laden

iris = load_iris()

X, y = iris.data, iris.target

# Data splitsen in training en testset

X_train, X_test, y_train, y_test = train_test_split(X, y, test_size=0.2, random_state=42)

# Model trainen met k=3

knn = KNeighborsClassifier(n_neighbors=3)

knn.fit(X_train, y_train)

# Voorspelling maken

y_pred = knn.predict(X_test)

print(f"Voorspelde labels: {y_pred}")
```

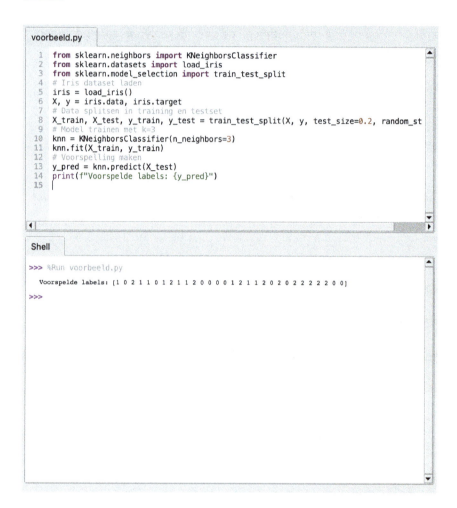

```
voorbeeld.py

 1  from sklearn.neighbors import KNeighborsClassifier
 2  from sklearn.datasets import load_iris
 3  from sklearn.model_selection import train_test_split
 4  # Iris dataset laden
 5  iris = load_iris()
 6  X, y = iris.data, iris.target
 7  # Data splitsen in training en testset
 8  X_train, X_test, y_train, y_test = train_test_split(X, y, test_size=0.2, random_st
 9  # Model trainen met k=3
10  knn = KNeighborsClassifier(n_neighbors=3)
11  knn.fit(X_train, y_train)
12  # Voorspelling maken
13  y_pred = knn.predict(X_test)
14  print(f"Voorspelde labels: {y_pred}")
15  |
```

```
Shell

>>> %Run voorbeeld.py

  Voorspelde labels: [1 0 2 1 1 0 1 2 1 1 2 0 0 0 0 1 2 1 1 2 0 2 0 2 2 2 2 2 0 0]

>>>
```

Het model vergelijkt nieuwe gegevens met bestaande voorbeelden en kiest de meest voorkomende categorie.

Trainen, testen en valideren van modellen

Bij machine learning is het belangrijk om de prestaties van een model te testen. Dit doen we door de dataset te splitsen in:

- **Trainingsset**: gegevens waarmee het model leert.

- **Testset**: gegevens waarmee we controleren hoe goed het model werkt op nieuwe data.

Dit voorkomt dat een model **te veel leert van de trainingsdata** (overfitting) en daardoor slecht presteert op nieuwe data.

Een goede vuistregel is om **80% van de data** te gebruiken voor training en **20% voor testen**. Dit kan eenvoudig in `scikit-learn` met `train_test_split()`.

Bij de evaluatie van modellen is het cruciaal om de juiste meetmethoden te gebruiken om de prestaties van het model te beoordelen. De keuze van de meetmethode hangt af van het type model dat wordt geëvalueerd. Voor regressiemodellen, die continue waarden voorspellen, is de Mean Squared Error (MSE) een veelgebruikte metriek. De MSE meet het gemiddelde van de gekwadrateerde verschillen tussen de voorspelde en de werkelijke waarden. Een lagere MSE duidt op betere prestaties van het model. Voor classificatiemodellen, die discrete categorieën voorspellen, zijn Accuracy, Precision en Recall belangrijke metrieken. Accuracy meet het percentage correct voorspelde instanties. Precision meet het percentage correct positief voorspelde instanties ten opzichte van alle instanties die als positief zijn voorspeld. Recall meet het percentage correct positief voorspelde instanties ten opzichte van alle werkelijk positieve instanties. Deze metrieken geven een gedetailleerd beeld van de prestaties van het classificatiemodel. Het is belangrijk om de context van het probleem en de specifieke doelstellingen van het model in overweging te nemen bij het kiezen van de juiste evaluatiemethoden.

Samenvatting

In dit hoofdstuk hebben we de basisprincipes van machine learning besproken, waaronder:

- Het verschil tussen supervised en unsupervised learning.
- Hoe lineaire regressie gebruikt wordt voor continue voorspellingen.
- Hoe k-Nearest Neighbors (k-NN) werkt voor classificatie.
- Het belang van trainen, testen en evalueren van modellen.

21. Feature Engineering en Modelverbetering

Feature engineering is een cruciale stap in het bouwen van effectieve machine learning modellen. Het gaat om het selecteren, transformeren en creëren van features (ook wel variabelen genoemd) die het model helpen betere voorspellingen te maken. Slecht gekozen of slecht geschaalde features kunnen een model verhinderen om patronen in de data correct te leren.

Daarnaast speelt modeloptimalisatie een belangrijke rol in het verbeteren van de prestaties. Dit omvat technieken zoals hyperparameter tuning om de juiste instellingen voor een model te vinden.

In dit hoofdstuk wordt ingegaan op verschillende technieken voor feature engineering en optimalisatie om de kwaliteit van machine learning modellen te verbeteren.

Feature Selectie en Extractie

Feature selectie en extractie zijn methoden om de meest relevante kenmerken uit een dataset te halen. Dit kan helpen bij het verbeteren van de nauwkeurigheid en het verlagen van de complexiteit van een model.

Feature Selectie

Feature selectie richt zich op het identificeren van de meest relevante variabelen voor een model. Het verwijderen van irrelevante of overbodige features helpt bij het verminderen van overfitting en het verbeteren van de interpretatie van het model.

Er zijn verschillende methoden voor feature selectie:

- **Filter methoden:** Deze methoden evalueren elke feature individueel en verwijderen irrelevante of sterk gecorreleerde features.

    - **Variance Threshold**: Features met een lage variantie worden verwijderd omdat ze weinig bijdragen aan de voorspellingen.

- **Pearson Correlatie**: Features die een hoge onderlinge correlatie hebben, kunnen worden verwijderd om redundantie te verminderen.
- **Wrapper methoden:** Hier worden verschillende subsets van features getest en geëvalueerd op basis van modelprestaties.

  - **Forward Selection:** Start met een lege feature-set en voegt stapsgewijs de feature toe die het model het meest verbetert.
  - **Backward Elimination:** Start met alle features en verwijdert ze één voor één totdat de prestaties niet meer verbeteren.
- **Embedded methoden:** Deze methoden integreren feature selectie in het model zelf.

  - **LASSO (L1-regularisatie):** Voegt een strafterm toe die sommige feature-coëfficiënten naar nul brengt, waardoor irrelevante features automatisch worden verwijderd.
  - **Decision Trees en Random Forests:** Modellen zoals Random Forests geven een feature importance score, waarmee belangrijke features worden geïdentificeerd.

Voorbeeld: Feature selectie met `SelectKBest` in Python:

```python
from sklearn.feature_selection import SelectKBest, f_classif

from sklearn.datasets import load_iris

# Laad dataset

data = load_iris()

X = data.data

y = data.target

# Selecteer de 2 beste features op basis van ANOVA F-statistiek

selector = SelectKBest(score_func=f_classif, k=2)

X_new = selector.fit_transform(X, y)
```

print("Geselecteerde features:", X_new.shape)

voorbeeld.py

```python
from sklearn.feature_selection import SelectKBest, f_classif
from sklearn.datasets import load_iris
# Laad dataset
data = load_iris()
X = data.data
y = data.target
# Selecteer de 2 beste features op basis van ANOVA F-statistiek
selector = SelectKBest(score_func=f_classif, k=2)
X_new = selector.fit_transform(X, y)

print("Geselecteerde features:", X_new.shape)
```

Shell

```
>>> %Run voorbeeld.py

  Geselecteerde features: (150, 2)

>>>
```

Feature Extractie

Soms is het nuttig om nieuwe features te creëren uit bestaande data. Dit helpt vooral bij datasets met hoge dimensies, waar ruwe features mogelijk niet optimaal zijn.

Veelgebruikte methoden:

- **Principal Component Analysis (PCA):** Reduceert de dimensie van de dataset door nieuwe features te creëren die de meeste variantie in de data behouden.
- **Word embeddings:** In Natural Language Processing (NLP) worden technieken zoals Word2Vec en TF-IDF gebruikt om tekst om te zetten in numerieke representaties.

Voorbeeld: PCA met Scikit-Learn:

```python
from sklearn.decomposition import PCA

import numpy as np

# Simuleer dataset met 5 features

X = np.random.rand(100, 5)

# Reduceer dimensie naar 2 met PCA

pca = PCA(n_components=2)

X_pca = pca.fit_transform(X)

print("Nieuwe vorm van de data:", X_pca.shape)
```

voorbeeld.py

```python
from sklearn.decomposition import PCA
import numpy as np
# Simuleer dataset met 5 features
X = np.random.rand(100, 5)
# Reduceer dimensie naar 2 met PCA
pca = PCA(n_components=2)
X_pca = pca.fit_transform(X)
print("Nieuwe vorm van de data:", X_pca.shape)
```

Shell

```
>>> %Run voorbeeld.py

  Nieuwe vorm van de data: (100, 2)

>>>
```

Normalisatie en Standaardisatie van Data

Veel machine learning algoritmen werken beter wanneer de features een consistente schaal hebben. Vooral algoritmes zoals KNN en SVM zijn gevoelig voor verschillen in schaal.

Normalisatie

Normalisatie schaalt alle waarden naar een bepaald bereik, vaak tussen 0 en 1. Dit wordt vaak gebruikt bij neurale netwerken. Formule voor Min-Max normalisatie:

$X' = \frac{X - X_{min}}{X_{max} - X_{min}}$

Voorbeeld van normalisatie in Scikit-Learn:

from sklearn.preprocessing import MinMaxScaler

scaler = MinMaxScaler()

X_scaled = scaler.fit_transform(X)

```
voorbeeld.py
1   from sklearn.decomposition import PCA
2   from sklearn.preprocessing import MinMaxScaler
3   import numpy as np
4   # Simuleer dataset met 5 features
5   X = np.random.rand(100, 5)
6   # Reduceer dimensie naar 2 met PCA
7   pca = PCA(n_components=2)
8   X_pca = pca.fit_transform(X)
9   print("Nieuwe vorm van de data:", X_pca.shape)
10  scaler = MinMaxScaler()
11  X_scaled = scaler.fit_transform(X)
12
```

```
Shell
>>> %Run voorbeeld.py
  Nieuwe vorm van de data: (100, 2)
>>>
```

Standaardisatie

Standaardisatie transformeert de data naar een standaard normale verdeling met gemiddelde 0 en standaardafwijking 1. Dit is handig voor algoritmes die met variantie werken, zoals lineaire regressie.
Formule voor standaardisatie:

$$X'=X–μσX' = \frac{X - \mu}{\sigma}$$

Voorbeeld van standaardisatie in Scikit-Learn:

from sklearn.preprocessing import StandardScaler

scaler = StandardScaler()

X_standardized = scaler.fit_transform(X)

```
voorbeeld.py
1   from sklearn.decomposition import PCA
2   from sklearn.preprocessing import StandardScaler
3   import numpy as np
4   # Simuleer dataset met 5 features
5   X = np.random.rand(100, 5)
6   # Reduceer dimensie naar 2 met PCA
7   pca = PCA(n_components=2)
8   X_pca = pca.fit_transform(X)
9   print("Nieuwe vorm van de data:", X_pca.shape)
10  scaler = StandardScaler()
11  X_standardized = scaler.fit_transform(X)
12
13
```

```
Shell
>>> %Run voorbeeld.py
  Nieuwe vorm van de data: (100, 2)
>>>
```

One-Hot Encoding en PCA (Dimensiereductie)

Categorische variabelen moeten vaak worden omgezet naar een numeriek formaat voordat ze in machine learning modellen kunnen worden gebruikt.

One-Hot Encoding

Voor categorische data zoals "Kleur: Rood, Blauw, Groen" kunnen we One-Hot Encoding toepassen. Dit converteert categorieën naar binaire kolommen.

Voorbeeld van One-Hot Encoding in Python:

```python
import pandas as pd

df = pd.DataFrame({'Kleur': ['Rood', 'Blauw', 'Groen', 'Blauw']})

df_encoded = pd.get_dummies(df, columns=['Kleur'])

print(df_encoded)
```

```
voorbeeld.py
1  import pandas as pd
2  df = pd.DataFrame({'Kleur': ['Rood', 'Blauw', 'Groen', 'Blauw']})
3  df_encoded = pd.get_dummies(df, columns=['Kleur'])
4  print(df_encoded)
5
```

```
Shell
>>> %Run voorbeeld.py

   Kleur_Blauw  Kleur_Groen  Kleur_Rood
0        False        False        True
1         True        False       False
2        False         True       False
3         True        False       False

>>>
```

Dimensiereductie met PCA

Bij datasets met veel features, ook wel bekend als hoog-dimensionale datasets, kan het aantal features een uitdaging vormen voor data-analyse en machine learning. Een dataset met veel features kan leiden tot complexiteit, hoge computationele kosten en het risico op overfitting. Principal Component Analysis (PCA) is een techniek die kan worden gebruikt om de dimensionaliteit van de dataset te verminderen en de dataset te vereenvoudigen. PCA transformeert de oorspronkelijke features naar een nieuwe set van features, genaamd principale componenten, die de maximale variantie in de data verklaren. Door een kleiner aantal principale componenten te selecteren, kan de dataset worden gereduceerd tot een lagere dimensionaliteit, terwijl de belangrijkste informatie behouden blijft. Dit kan leiden tot verbeterde prestaties van machine learning modellen, lagere computationele kosten en een beter begrip van de data. PCA is een waardevolle tool voor het analyseren van hoog-dimensionale datasets en het extraheren van de belangrijkste informatie.

Model Optimalisatie: Hyperparameter Tuning met Grid Search

Hyperparameter tuning helpt bij het vinden van de optimale instellingen van een model. Dit wordt vaak gedaan met Grid Search of Random Search.

Grid Search

Grid Search test een reeks combinaties van hyperparameters en selecteert de beste.

Voorbeeld van Grid Search voor SVM:

```python
import numpy as np

from sklearn.model_selection import GridSearchCV

from sklearn.svm import SVC

from sklearn.datasets import make_classification  # For example data

# Generate some example data (REPLACE THIS WITH YOUR DATA)

X, y = make_classification(n_samples=100, n_features=20, random_state=42)
```

```python
# Define hyperparameter space

param_grid = {'C': [0.1, 1, 10], 'kernel': ['linear', 'rbf']}

# Perform Grid Search

grid = GridSearchCV(SVC(), param_grid, cv=5)

grid.fit(X, y)

print("Beste parameters:", grid.best_params_)

# You can also access the best score:

print("Beste score:", grid.best_score_)

# And the best estimator (the trained model with the best parameters):

best_model = grid.best_estimator_

# Now you can use best_model to make predictions on new data

# predictions = best_model.predict(new_data)
```

```
Shell ×

>>> %Run voorbeeld.py

   Beste parameters: {'C': 1, 'kernel': 'linear'}
   Beste score: 0.99

>>>
```

Samenvatting

Feature engineering en model optimalisatie zijn essentiële stappen in het verbeteren van machine learning modellen. Door zorgvuldig features te selecteren, normaliseren en transformeren, kan een model efficiënter en nauwkeuriger worden. Hyperparameter tuning helpt bij het finetunen van modellen voor optimale prestaties. Met deze technieken kunnen AI-modellen beter worden afgestemd op specifieke taken en worden voorbereid voor complexe datasets.

22. Besluitvormingsmodellen – Decision Trees en Random Forests

Besluitvormingsmodellen zoals **Decision Trees** en **Random Forests** zijn krachtige machine learning-technieken die worden gebruikt voor zowel classificatie- als regressietaken. Deze modellen zijn gebaseerd op een boomstructuur waarin beslissingen worden genomen op basis van kenmerken uit de dataset.

In dit hoofdstuk worden de werking van **Decision Trees**, de voordelen en nadelen van deze methode en de verbeteringen die **Random Forests** bieden besproken. Daarnaast wordt een praktische implementatie van beide methoden in **Python met scikit-learn** uitgewerkt.

Hoe werkt een Decision Tree?

Een **Decision Tree** is een boomachtige structuur waarin elk knooppunt een beslissing vertegenwoordigt. Het model werkt volgens de volgende principes:

1. **Splitsing (Splitting):** De dataset wordt opgesplitst op basis van een bepaalde eigenschap, waarbij een criterium bepaalt welke splitsing het meest informatief is.
2. **Knooppunten (Nodes):** Elk intern knooppunt stelt een testconditie voor, terwijl de bladeren de uiteindelijke klassen (bij classificatie) of voorspelde waarden (bij regressie) bevatten.
3. **Bladknooppunten (Leaf Nodes):** Dit zijn de eindpunten van de boom die de uiteindelijke voorspelling bevatten.
4. **Pruning (Snoeien):** Om overfitting te voorkomen, kan de boom worden gesnoeid door overbodige vertakkingen te verwijderen.

Splitscriteria in Decision Trees

De keuze van de splitsing wordt bepaald door een **criterium**. De meest gebruikte criteria zijn:

- **Gini-Index (Gini Impurity):** Meet hoe zuiver een knooppunt is. Een lagere waarde betekent een betere splitsing.

- **Information Gain (Entropie):** Meet hoeveel informatie een splitsing toevoegt. Hoe hoger de informatiewinst, hoe beter de splitsing.
- **Mean Squared Error (voor regressie):** Meet het verschil tussen voorspelde en werkelijke waarden.

Decision Trees implementeren met scikit-learn

Scikit-learn biedt een eenvoudige manier om Decision Trees te implementeren. Hieronder volgt een stap-voor-stap handleiding.

Dataset laden en voorbereiden

We gebruiken de bekende **Iris-dataset** voor classificatie:

```python
from sklearn.datasets import load_iris

from sklearn.model_selection import train_test_split

from sklearn.tree import DecisionTreeClassifier

from sklearn import metrics

# Laad dataset

iris = load_iris()

X, y = iris.data, iris.target

# Splits data in trainings- en testset

X_train, X_test, y_train, y_test = train_test_split(X, y, test_size=0.3, random_state=42)
```

De volgende stap is om Decision Tree te trainen en evalueren. Voeg volgende deel aan je bestaande code:

```python
# Initialiseer en train het Decision Tree-model

dt_model = DecisionTreeClassifier(criterion="gini", max_depth=3, random_state=42)

dt_model.fit(X_train, y_train)
```

```
# Maak voorspellingen

y_pred = dt_model.predict(X_test)

# Evaluatie van het model

accuracy = metrics.accuracy_score(y_test, y_pred)

print(f"Decision Tree Accuracy: {accuracy:.2f}")
```

De volgende stap is Visualiseren van de Decision Tree. Voeg volgende deel aan je bestaande code:

```
from sklearn.tree import plot_tree

import matplotlib.pyplot as plt

plt.figure(figsize=(12,8))

plot_tree(dt_model, filled=True, feature_names=iris.feature_names, class_names=iris.target_names)

plt.show()
```

Uitkomst:

en visualisatie:

Deze visualisatie helpt om te begrijpen hoe het model beslissingen neemt.

Random Forests: Een verbetering van Decision Trees

Hoewel Decision Trees krachtig zijn, hebben ze enkele nadelen:

- Ze zijn **gevoelig voor overfitting**.
- Kleine wijzigingen in de dataset kunnen leiden tot totaal verschillende bomen.
- Ze zijn **niet altijd robuust**.

Om deze problemen op te lossen, is **Random Forest** ontwikkeld. Dit is een ensemble-methodologie die meerdere Decision Trees combineert om een robuuster model te creëren.

Hoe werkt een Random Forest?

Een Random Forest werkt als volgt:

1. **Bootstrap Sampling:** Meerdere subsets van de dataset worden willekeurig geselecteerd.
2. **Meerdere Decision Trees:** Voor elke subset wordt een Decision Tree getraind.
3. **Random Feature Selection:** Elke boom gebruikt een willekeurige subset van de kenmerken, waardoor variatie ontstaat.
4. **Majority Voting (voor classificatie):** De voorspellingen van alle bomen worden gecombineerd, en de klasse met de meeste stemmen wordt gekozen.
5. **Gemiddelde Voorspelling (voor regressie):** Bij regressie wordt het gemiddelde van alle bomen genomen.

Random Forest implementeren met scikit-learn

Ten eerste gaan wij Random Forest trainen en evalueren:

```python
from sklearn.ensemble import RandomForestClassifier

from sklearn.model_selection import train_test_split

from sklearn.metrics import accuracy_score

from sklearn.datasets import load_iris

# Load the Iris dataset

iris = load_iris()

X = iris.data  # Features

y = iris.target # Target

# Split the data into training and testing sets

X_train, X_test, y_train, y_test = train_test_split(X, y, test_size=0.2, random_state=42) # 80% train, 20% test
```

```python
# Initialize the Random Forest model

rf_model = RandomForestClassifier(n_estimators=100, criterion="gini", max_depth=3, random_state=42)

# Train the model

rf_model.fit(X_train, y_train)

# Predict on the test set

y_pred_rf = rf_model.predict(X_test)

# Evaluate the model

accuracy_rf = accuracy_score(y_test, y_pred_rf)

print(f"Random Forest Accuracy: {accuracy_rf:.2f}")
```

```
Shell

>>> %Run voorbeeld.py
   Random Forest Accuracy: 1.00
>>>
```

Hyperparameter tuning van Decision Trees en Random Forests

Om betere prestaties te krijgen, kunnen de hyperparameters worden geoptimaliseerd:

- **max_depth:** Beperkt de diepte van de boom om overfitting te voorkomen.
- **min_samples_split:** Het minimale aantal samples nodig om een knooppunt te splitsen.
- **min_samples_leaf:** Het minimum aantal samples in een bladknooppunt.
- **n_estimators (voor Random Forests):** Het aantal Decision Trees in het ensemble.

Een grid search kan worden gebruikt om de beste hyperparameters te vinden. Bijvoorbeeld:

```python
from sklearn.ensemble import RandomForestClassifier

from sklearn.model_selection import train_test_split, GridSearchCV

from sklearn.metrics import accuracy_score

from sklearn.datasets import load_iris

# Load the Iris dataset

iris = load_iris()

X = iris.data

y = iris.target

# Split the data into training and testing sets

X_train, X_test, y_train, y_test = train_test_split(X, y, test_size=0.2, random_state=42)

# Define the parameter grid to search

param_grid = {
```

```python
    'n_estimators': [50, 100, 200],  # Number of trees in the forest

    'max_depth': [None, 5, 10],      # Maximum depth of the trees

    'min_samples_split': [2, 5, 10],  # Minimum number of samples required to split an internal node

    'min_samples_leaf': [1, 2, 4]   # Minimum number of samples required to be at a leaf node

}

# Initialize the Random Forest model

rf_model = RandomForestClassifier(random_state=42)

# Perform Grid Search with cross-validation

grid_search = GridSearchCV(estimator=rf_model, param_grid=param_grid, cv=5, scoring='accuracy')

# Fit the Grid Search to the training data

grid_search.fit(X_train, y_train)

# Get the best parameters and the best score

best_params = grid_search.best_params_

best_score = grid_search.best_score_

print(f"Best parameters: {best_params}")

print(f"Best score: {best_score}")

# Use the best model to make predictions on the test set

best_rf_model = grid_search.best_estimator_

y_pred_rf = best_rf_model.predict(X_test)
```

```
# Evaluate the best model

accuracy_rf = accuracy_score(y_test, y_pred_rf)

print(f"Random Forest Accuracy (with Grid Search): {accuracy_rf:.2f}")
```

```
Shell

>>> %Run voorbeeld.py

  Best parameters: {'max_depth': None, 'min_samples_leaf': 2, 'min_samples_split': 2, 'n_estimator
  s': 200}
  Best score: 0.9583333333333334
  Random Forest Accuracy (with Grid Search): 1.00

>>>
```

Samenvatting

In dit hoofdstuk zijn Decision Trees en Random Forests besproken, inclusief hun voordelen, nadelen en implementatie in Python:

- **Decision Trees** zijn eenvoudig te begrijpen en interpreteren, maar kunnen snel overfitten.
- **Random Forests** lossen dit probleem op door meerdere Decision Trees te combineren, wat leidt tot robuustere modellen.
- Hyperparameter tuning is essentieel om optimale prestaties te bereiken.

Door deze methoden te begrijpen en te implementeren, kunnen studenten krachtige besluitvormingsmodellen bouwen die breed toepasbaar zijn in machine learning-toepassingen.

23. Neurale Netwerken en Deep Learning

Neurale netwerken zijn een klasse van algoritmen geïnspireerd door de structuur en werking van het menselijk brein. Ze bestaan uit een reeks verbonden eenheden, genaamd neuronen, die samenwerken om patronen in data te herkennen en te leren.

Stel je voor dat je een grote groep slimme doosjes hebt, die met elkaar verbonden zijn. Elk doosje kan informatie ontvangen, verwerken en doorsturen. Dat is in feite een neuraal netwerk.

De doosjes: Elk doosje is een "neuron". Het ontvangt data (bijvoorbeeld een getal), voert er een eenvoudige berekening mee uit en stuurt het resultaat door naar andere doosjes.

De verbindingen: De verbindingen tussen de doosjes bepalen hoe sterk de informatie wordt doorgegeven. Sommige verbindingen zijn sterker dan andere.

Leren: Het netwerk "leert" door de sterkte van de verbindingen aan te passen. Als het netwerk een fout maakt (bijvoorbeeld een verkeerd antwoord geeft), worden de verbindingen aangepast zodat het de volgende keer beter presteert.

Lagen: De doosjes zijn vaak in lagen georganiseerd. De eerste laag ontvangt de input (bijvoorbeeld een afbeelding), de tussenliggende lagen verwerken de informatie, en de laatste laag geeft de output (bijvoorbeeld de naam van het afgebeelde object).

Een voorbeeld: Stel, je wilt een neuraal netwerk leren om katten op foto's te herkennen. Je voedt het netwerk met duizenden foto's van katten (en niet-katten). Het netwerk past de verbindingen tussen de doosjes aan, zodat het uiteindelijk patronen leert herkennen die typisch zijn voor katten (bijvoorbeeld de vorm van de oren, de snorharen). Als je het netwerk een nieuwe foto laat zien, kan het met grote zekerheid zeggen of er een kat op staat of niet.

Neurale netwerken zijn erg goed in het herkennen van complexe patronen in data. Daarom worden ze gebruikt voor allerlei taken, zoals:

Beeldherkenning: Zoals het herkennen van katten op foto's, maar ook het identificeren van gezichten of het lezen van kentekens.

Spraakherkenning: Zoals Siri of Alexa die je commando's verstaan.

Tekstverwerking: Zoals het vertalen van teksten of het schrijven van samenvattingen.

Aanbevelingen: Zoals Netflix die je series aanbeveelt op basis van wat je eerder hebt gekeken.

Kortom, neurale netwerken zijn slimme systemen die leren door data te analyseren en patronen te herkennen. Ze zijn een krachtig hulpmiddel om complexe problemen op te lossen en worden steeds belangrijker in onze dagelijkse levens.

Een neuraal netwerk bestaat uit drie hoofdtypen lagen:

- **Invoerslaag (Input Layer)**: Ontvangt ruwe gegevens zoals afbeeldingen, tekst of numerieke waarden.
- **Verborgen lagen (Hidden Layers)**: Transformeren de invoer via gewogen verbindingen en niet-lineaire activatiefuncties.
- **Uitvoerslaag (Output Layer)**: Geeft het eindresultaat van het model, bijvoorbeeld een classificatie of regressievoorspelling.

Een neuraal netwerk kan verschillende vormen aannemen, afhankelijk van de toepassing. Voorbeeldtoepassingen zijn beeldherkenning (CNNs), spraakherkenning en automatische vertaalsystemen (RNNs en NLP-modellen).

Lagen, Neuronen en Activatiefuncties

Neuronen en Gewichten

Elk neuron in een netwerk ontvangt invoer, berekent een gewogen som van die invoer en past een activatiefunctie toe. Wiskundig kan dit als volgt worden weergegeven:

$$z = w_1 x_1 + w_2 x_2 + \cdots + w_n x_n + b$$

waar:

- x1,x2,...,xnx_1, x_2, ..., x_n de invoergegevens zijn,
- w1,w2,...,wnw_1, w_2, ..., w_n de gewichten van het neuron zijn,
- b de bias is (een constante die de uitvoer aanpast).

Vervolgens wordt een **activatiefunctie** toegepast op z.

Activatiefuncties

Activatiefuncties introduceren niet-lineariteit in het netwerk, waardoor het complexe patronen kan leren. Veelgebruikte activatiefuncties zijn:

- **Sigmoid**:

$$\sigma(z) = \frac{1}{1 + e^{-z}}$$

  Geschikt voor probabilistische output (bijv. binaire classificatie).

- **ReLU (Rectified Linear Unit)**:

$$f(z) = \max(0, z)$$

  Vaak gebruikt in diepe netwerken vanwege de efficiënte berekeningen en het verminderen van het **vanishing gradient**-probleem.

- **Softmax**:

$$\text{softmax}(z_i) = \frac{e^{z_i}}{\sum_j e^{z_j}}$$

  Wordt gebruikt in de uitvoerlaag bij multi-class classificatie.

Forward Propagation en Backpropagation

Forward Propagation

Bij forward propagation worden de invoergegevens laag voor laag door het netwerk gevoerd om een voorspelling te genereren. Dit proces omvat:

1. Berekenen van gewogen sommen en toepassen van activatiefuncties per laag.
2. Doorgeven van de uitvoer van de ene laag als invoer voor de volgende.
3. Uiteindelijk genereren van een voorspelling.

Voorbeeld met een eenvoudig netwerk:

$$h_1 = \text{ReLU}(w_1 x_1 + w_2 x_2 + b_1)$$

$$h_2 = \text{ReLU}(w_3 x_1 + w_4 x_2 + b_2)$$

$$y_{\text{output}} = \text{sigmoid}(w_5 h_1 + w_6 h_2 + b_3)$$

Loss Function en Optimalisatie

Een verliesfunctie (loss function) meet hoe goed het model presteert. Veelgebruikte verliesfuncties zijn:

- Mean Squared Error (MSE) voor regressieproblemen.
- Cross-Entropy Loss voor classificatieproblemen.

Het doel is om de verliesfunctie te minimaliseren met behulp van een optimalisatie-algoritme zoals Stochastic Gradient Descent (SGD) of Adam.

Backpropagation en Gradient Descent

Backpropagation is het proces waarbij het model de fout berekent en de gewichten bijwerkt met behulp van gradient descent:

1. Berekening van de fout (Loss Function).

2. Bepalen van de gradiënt (afgeleide van de fout t.o.v. de gewichten).
3. Aanpassen van de gewichten in de richting van de kleinste fout.

De gewichtsupdateformule in gradient descent:

$$w_{\text{nieuw}} = w_{\text{oud}} - \eta \frac{\partial L}{\partial w}$$

waar η de **learning rate** is.

Eerste Neurale Netwerk Bouwen met TensorFlow en Keras

Hier bouwen we een eenvoudig neuraal netwerk met **Keras** om handgeschreven cijfers (MNIST-dataset) te herkennen.

Installatie van TensorFlow en Keras

TensorFlow en Keras kunnen eenvoudig worden geïnstalleerd met:

pip install tensorflow

of pip install tensorflow-macos (voor Macbook)

Hieronder volgt een voorbeeld van het laden en voorbereiden van data met behulp van Python code. Maak een nieuw python bestand, of pas de code in een bestaand .py bestand.

import tensorflow as tf

from tensorflow import keras

import numpy as np

import matplotlib.pyplot as plt

MNIST dataset laden

mnist = keras.datasets.mnist

```
(x_train, y_train), (x_test, y_test) = mnist.load_data()

# Normaliseren van de waarden (tussen 0 en 1)

x_train, x_test = x_train / 255.0, x_test / 255.0
```

Vervolgens gaan wij in die bestand een model bouwen:

```
model = keras.Sequential([

    keras.layers.Flatten(input_shape=(28, 28)),  # Inputlaag

    keras.layers.Dense(128, activation='relu'),  # Verborgen laag

    keras.layers.Dense(10, activation='softmax') # Uitvoerlaag (10 klassen)

])
```

Daarna gaan wij een model compileren en trainen:

```
model.compile(optimizer='adam',

              loss='sparse_categorical_crossentropy',

              metrics=['accuracy'])

model.fit(x_train, y_train, epochs=5)
```

Tenslotte coderen wij evaluatie:

```
test_loss, test_acc = model.evaluate(x_test, y_test)

print(f"Test accuraatheid: {test_acc:.4f}")
```

Overfitting en Regularisatie

Overfitting treedt op wanneer het model te goed past op de trainingsdata en daardoor slecht generaliseert naar nieuwe data. Symptomen:

- Hoge nauwkeurigheid op training, lage nauwkeurigheid op testdata.
- Te complexe patronen geleerd, inclusief ruis.

Regularisatie Technieken

Regularisatie is een cruciale techniek in machine learning om overfitting te voorkomen. Overfitting treedt op wanneer een model te complex wordt en te goed presteert op de trainingsdata, maar slecht op nieuwe, onbekende data. Regularisatie helpt dit te voorkomen door de complexiteit van het model te verminderen.

Er zijn verschillende regularisatietechnieken, waarvan de meest voorkomende zijn:

L1-regularisatie (Lasso): Deze techniek voegt een straf toe aan de loss-functie die proportioneel is aan de absolute waarde van de gewichten van het model. L1-regularisatie kan leiden tot het "uitdunnen" van het model, waarbij onbelangrijke features worden verwijderd door hun gewicht op nul te zetten.

L2-regularisatie (Ridge): Deze techniek voegt een straf toe aan de loss-functie die proportioneel is aan het kwadraat van de gewichten van het model. L2-regularisatie zorgt ervoor dat de gewichten kleiner worden, maar niet per se nul. Dit helpt overmatige complexiteit te voorkomen.

Dropout: Deze techniek negeert tijdens de training willekeurig een deel van de neuronen in het netwerk. Dit dwingt het netwerk om robuuster te worden en minder afhankelijk te zijn van individuele neuronen.

Vroege stopzetting (Early stopping): Deze techniek stopt de training van het model wanneer de prestaties op een validatieset niet meer verbeteren. Dit voorkomt dat het model te lang traint en overfit raakt.

De keuze van de juiste regularisatietechniek hangt af van het specifieke probleem en de data. Vaak worden meerdere technieken gecombineerd om de beste resultaten te behalen.

Regularisatie is een essentieel onderdeel van het trainen van succesvolle machine learning-modellen en helpt om de generalisatie naar nieuwe data te verbeteren.

Samenvatting

In dit hoofdstuk hebben we de basisprincipes van neurale netwerken besproken en een eerste model gebouwd. Belangrijke concepten:

- Forward propagation en backpropagation vormen de kern van leerprocessen.
- Activatiefuncties zoals ReLU en softmax bepalen de uitvoer van neuronen.
- Overfitting kan worden aangepakt met technieken zoals dropout en L2-regularisatie.

24. Computer Vision – Beeldherkenning met CNNs

Computer Vision is een gebied binnen kunstmatige intelligentie dat zich richt op het laten begrijpen en interpreteren van afbeeldingen door computers. Een veelgebruikte methode hiervoor is het **Convolutionele Neurale Netwerk (CNN)**.

In dit hoofdstuk leer je:

- Wat een CNN is en hoe het werkt.
- Hoe je een eenvoudig beeldherkenningsmodel traint.
- Hoe je een **pre-trained model** gebruikt om snel accurate beeldherkenning te doen.

Wat zijn convolutionele lagen en pooling?

Bij standaard neurale netwerken (fully connected layers) wordt elk pixel direct verbonden met alle neuronen, wat onpraktisch is voor grote afbeeldingen. **CNNs lossen dit op** door te werken met **convolutionele lagen** en **pooling lagen**.

Convolutie

Een **convolutielaag** gebruikt een klein filter (ook wel kernel genoemd) om over de afbeelding te schuiven en patronen te detecteren. Voorbeeld: Stel dat je een afbeelding hebt van een **kat** (100x100 pixels). Een standaard neuraal netwerk zou 10.000 invoerneuronen vereisen. Een CNN gebruikt echter een klein filter, bijvoorbeeld **3x3**, dat steeds een stukje van de afbeelding bekijkt en zo patronen leert. Schematisch:

Originele afbeelding (5x5 pixels):

1 1 1 0 0

1 1 1 0 0

1 1 1 0 0

0 0 0 1 1

0 0 0 1 1

Filter (3x3 kernel):

1 0 1

0 1 0

1 0 1

Door deze kernel over de afbeelding te schuiven, worden kenmerken zoals randen en texturen gedetecteerd.

Pooling

Pooling helpt om de afbeelding te verkleinen en minder rekenkracht nodig te hebben.

- Max pooling: Neemt de grootste waarde uit een regio.
- Average pooling: Neemt het gemiddelde van een regio.

Voorbeeld met **max pooling (2x2)**:

Originele afbeelding (4x4 pixels):

2 3 1 4

5 6 7 8

9 2 4 1

3 5 8 6

Na **max pooling (2x2)** wordt dit verkleind naar:

6 8

9 8

Hiermee blijft de belangrijkste informatie behouden, maar de afbeelding wordt kleiner en makkelijker te verwerken.

CNNs implementeren met Keras

Nu we weten hoe CNNs werken, gaan we een eenvoudig model bouwen met Python en Keras.

Voordat je aan de slag kunt, installeer je de benodigde libraries als je die nog niet hebt:

```
pip install tensorflow numpy matplotlib
```

Let op: voor Macbook installeer je tensorflow-macos !

Daarna schrijven wij het code voor het Importeren van bibliotheken:

```
import tensorflow as tf

from tensorflow import keras

from tensorflow.keras import layers

import numpy as np

import matplotlib.pyplot as plt
```

We gebruiken de MNIST-dataset, een standaarddataset met afbeeldingen van handgeschreven cijfers (0-9).

```
# Laad de dataset

(x_train, y_train), (x_test, y_test) = keras.datasets.mnist.load_data()

# Normaliseer de afbeeldingen (waarden tussen 0 en 1)

x_train, x_test = x_train / 255.0, x_test / 255.0

# Voeg een extra dimensie toe voor de CNN

x_train = x_train.reshape(-1, 28, 28, 1)

x_test = x_test.reshape(-1, 28, 28, 1)
```

Een daarna zullen wij een eenvoudig CNN-model bouwen:

```
model = keras.Sequential([

    layers.Conv2D(32, (3, 3), activation='relu', input_shape=(28, 28, 1)),

    layers.MaxPooling2D((2, 2)),

    layers.Conv2D(64, (3, 3), activation='relu'),

    layers.MaxPooling2D((2, 2)),

    layers.Flatten(),

    layers.Dense(64, activation='relu'),

    layers.Dense(10, activation='softmax')

])

model.compile(optimizer='adam',

        loss='sparse_categorical_crossentropy',

        metrics=['accuracy'])

model.summary()
```

Model trainen doen wij zo:

```
model.fit(x_train, y_train, epochs=5, validation_data=(x_test, y_test))
```

Na een paar minuten zal het model een nauwkeurigheid van ongeveer **98%** bereiken.

Model testen doen wij zo:

```
test_loss, test_acc = model.evaluate(x_test, y_test)

print(f'Test nauwkeurigheid: {test_acc}')
```

Transfer learning: gebruik van pre-trained modellen

Soms is het niet praktisch om een CNN helemaal opnieuw te trainen, vooral bij complexe taken zoals gezichtsherkenning. Daarom gebruiken we **pre-trained modellen**, zoals **MobileNet** of **ResNet**, die al getraind zijn op miljoenen afbeeldingen.

Hier is een voorbeeld van hoe je MobileNet kunt gebruiken om een afbeelding te classificeren. Voeg de onderstaande code in een python bestand. Let wel op om je eigen kat.jpg afbeelding te downloaden van het Internet.

```python
from tensorflow.keras.applications import MobileNetV2

from tensorflow.keras.preprocessing import image

from tensorflow.keras.applications.mobilenet_v2 import preprocess_input, decode_predictions

import numpy as np

# Laad het model

model = MobileNetV2(weights="imagenet")

# Laad een voorbeeldafbeelding

img_path = "kat.jpg"  # Vervang door je eigen afbeelding

img = image.load_img(img_path, target_size=(224, 224))

img_array = image.img_to_array(img)

img_array = np.expand_dims(img_array, axis=0)

img_array = preprocess_input(img_array)

# Maak een voorspelling

predictions = model.predict(img_array)

decoded_predictions = decode_predictions(predictions, top=3)[0]
```

Print de voorspellingen

for i, (imagenet_id, label, score) in enumerate(decoded_predictions):

   print(f"{i + 1}: {label} ({score:.2f})")

Tip: Als TensorFlow nog steeds niet goed werkt op je PC (Vooral Macbook M2/M3), overweeg dan om de code in Google Colab uit te voeren. Colab biedt gratis GPU-versnelling, dus het is veel sneller dan lokaal draaien:

1. Ga naar https://colab.research.google.com/.

2. Maak een nieuw notebook.

3. Kopieer en plak het aangepaste script hierboven.

4. Voer het notebook uit.

Uitkomst:

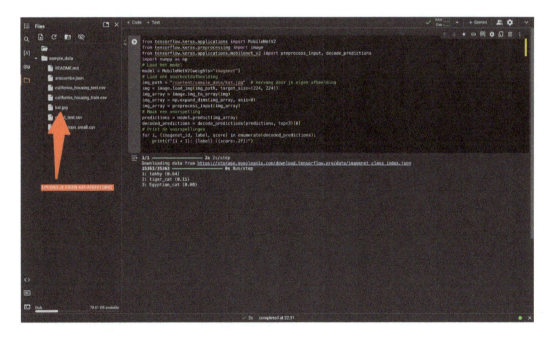

Hiermee wordt bijvoorbeeld voorspeld:

1: tabby_cat (0.64)

2: tiger_cat (0.15)

3: Egyptian_cat (0.08)

Dit betekent dat het model zeker is dat de afbeelding een kat is.

Objectherkenning en classificatie

Naast classificatie kun je CNNs gebruiken om **objecten te detecteren**, bijvoorbeeld met YOLO of Faster R-CNN. Dit is handig voor toepassingen zoals gezichtsherkenning, zelfrijdende auto's en medische beeldanalyse.

Als je wilt experimenteren met geavanceerde objectdetectie, dan is **YOLOv5** een goede keuze. Dit kan worden uitgevoerd met PyTorch en OpenCV.

Samenvatting

- CNNs gebruiken **convolutielagen** om patronen in afbeeldingen te herkennen.
- **Max pooling** helpt om de afbeelding te verkleinen zonder belangrijke informatie te verliezen.
- Met Keras kun je eenvoudig een CNN bouwen en trainen.
- **Transfer learning** bespaart tijd door bestaande modellen te gebruiken.
- Voor complexe taken zoals objectdetectie kun je YOLO of Faster R-CNN inzetten.

Wil je verder experimenteren? Probeer dan een **eigen dataset** met afbeeldingen van bijvoorbeeld bloemen, honden of auto's.

25. NLP – Kunstmatige Intelligentie voor Tekstanalyse

Kunstmatige intelligentie kan niet alleen getallen en afbeeldingen verwerken, maar ook teksten begrijpen en analyseren. Dit vakgebied heet **Natural Language Processing (NLP)**. In dit hoofdstuk leer je hoe computers tekst verwerken, hoe we teksten omzetten in een vorm die een AI-model kan begrijpen en hoe we AI-modellen kunnen trainen om bijvoorbeeld sentimentanalyse uit te voeren.

NLP is een deelgebied van AI waarin computers leren omgaan met menselijke taal. Denk aan toepassingen zoals:

- Automatische spellingscontrole (zoals in Word of Google Docs)
- Spamfilters die ongewenste e-mails herkennen
- Chatbots die klanten helpen op websites
- Vertaalprogramma's zoals Google Translate
- Sentimentanalyse om te bepalen of een tekst positief, neutraal of negatief is

Een computer begrijpt geen tekst zoals een mens dat doet. Daarom moeten we teksten omzetten in een wiskundige vorm voordat een AI-model ze kan gebruiken.

Natuurlijke taalverwerking, of NLP, is een tak van de kunstmatige intelligentie die zich richt op de interactie tussen computers en menselijke taal. Het doel is om computers in staat te stellen menselijke taal te begrijpen, te interpreteren en te genereren, zowel in geschreven als gesproken vorm.

In simpele termen kun je NLP zien als een set van technieken en algoritmen die computers helpen om taal te "lezen" en te "begrijpen", net zoals mensen dat doen. Dit omvat het herkennen van woorden, zinnen en grammaticale structuren, maar ook het begrijpen van de betekenis en context van taal. NLP maakt gebruik van verschillende methoden, zoals machine learning, statistiek en linguïstiek, om deze taken uit te voeren.

Dankzij NLP kunnen computers taken uitvoeren die voorheen alleen door mensen konden worden gedaan, zoals het vertalen van teksten, het samenvatten van artikelen, het beantwoorden van vragen, het analyseren van sentiment in tekst, en zelfs het genereren van nieuwe teksten. NLP wordt alom gebruikt in diverse toepassingen, zoals chatbots, spraakassistenten, zoekmachines en sociale media-analyse.

Voorbewerking van Tekst

Voordat we tekst analyseren met AI, moeten we deze opschonen en voorbereiden. Dit proces heet preprocessing en bestaat uit verschillende stappen:

Tokenization

Tokenization is het splitsen van een tekst in kleinere delen, meestal woorden of zinnen.

Voorbeeld:

```
from nltk.tokenize import word_tokenize

tekst = "AI is geweldig! Het helpt computers mensentaal begrijpen."

tokens = word_tokenize(tekst)

print(tokens)
```

Uitvoer:

['AI', 'is', 'geweldig', '!', 'Het', 'helpt', 'computers', 'mensentaal', 'begrijpen', '.']

De woorden en leestekens zijn apart gezet als tokens.

Stopwoorden verwijderen

Stopwoorden zijn veelvoorkomende woorden zoals "de", "het", "en" die weinig betekenis toevoegen. We kunnen ze verwijderen om de analyse te verbeteren.

Voorbeeld:

```
from nltk.corpus import stopwords

stopwoorden = set(stopwords.words('dutch'))

tokens_schoon = [woord for woord in tokens if woord.lower() not in stopwoorden]
```

```
print(tokens_schoon)
```

Als "de" en "het" in de tekst stonden, zouden ze worden verwijderd.

Woorden omzetten naar kleine letters

AI-modellen maken vaak onderscheid tussen hoofdletters en kleine letters. Dit kan problemen veroorzaken. Daarom zetten we alle woorden om naar kleine letters.

```
tokens_kleine_letters = [woord.lower() for woord in tokens_schoon]
```

Woorden terugbrengen naar de stam (Stemming en Lemmatization)

Soms is het handig om woorden terug te brengen naar hun stam. "Lopend", "loopt" en "lopen" betekenen bijvoorbeeld hetzelfde.

Voorbeeld met **stemming**:

```
from nltk.stem import PorterStemmer

stemmer = PorterStemmer()

woorden = ["loopt", "lopen", "lopende"]

stammen = [stemmer.stem(woord) for woord in woorden]

print(stammen)
```

Uitvoer:

['loopt', 'loop', 'loop']

Voorbeeld met **lemmatization** (geavanceerder dan stemming):

```
from nltk.stem import WordNetLemmatizer

lemmatizer = WordNetLemmatizer()

woorden = ["loopt", "lopen", "lopende"]

lemmata = [lemmatizer.lemmatize(woord) for woord in woorden]
```

```
print(lemmata)
```

Dit helpt om woorden tot hun basisvorm te herleiden.

Tekst omzetten naar een getallenformaat (Vectorisatie)

Een AI-model begrijpt alleen getallen, geen woorden. Daarom zetten we tekst om in een **numerieke representatie**. Dit kan op verschillende manieren.

Bag of Words zet een tekst om in een lijst waarin staat hoe vaak elk woord voorkomt.

Voorbeeld:

```
from sklearn.feature_extraction.text import CountVectorizer
zinnen = ["AI is geweldig", "AI is slim en snel"]
vectorizer = CountVectorizer()
X = vectorizer.fit_transform(zinnen)
print(vectorizer.get_feature_names_out())
print(X.toarray())
```

Uitvoer:

```
['ai' 'en' 'geweldig' 'is' 'slim' 'snel']
[[1 0 1 1 0 0]
 [1 1 0 1 1 1]]
```

Elke zin is omgezet naar een vector waarin de getallen het aantal keren aangeven dat een woord voorkomt.

TF-IDF (Term Frequency - Inverse Document Frequency)

TF-IDF weegt woorden op basis van hoe vaak ze voorkomen in een document, maar houdt rekening met hoe vaak ze in alle documenten voorkomen. Dit helpt om veelvoorkomende woorden minder gewicht te geven.

```python
from sklearn.feature_extraction.text import TfidfVectorizer

vectorizer = TfidfVectorizer()

X = vectorizer.fit_transform(zinnen)

print(vectorizer.get_feature_names_out())

print(X.toarray())
```

Word Embeddings (Word2Vec)

Word embeddings geven woorden een vectorrepresentatie waarbij de betekenis behouden blijft. Woorden die op elkaar lijken, krijgen vergelijkbare vectoren.

```python
from gensim.models import Word2Vec

zinnen = [["AI", "is", "geweldig"], ["AI", "is", "slim", "en", "snel"]]

model = Word2Vec(sentences=zinnen, vector_size=10, window=2, min_count=1, workers=4)

print(model.wv["AI"])
```

De uitvoer is een vector die de betekenis van "AI" weergeeft.

Sentimentanalyse uitvoeren

Een AI-model kan leren of een tekst een positieve, negatieve of neutrale lading heeft. Hiervoor gebruiken we een logistieke regressie of een neuraal netwerk.

Eenvoudig voorbeeld met **logistieke regressie**:

```
from sklearn.feature_extraction.text import TfidfVectorizer

from sklearn.linear_model import LogisticRegression

zinnen = ["Ik hou van AI", "AI is saai", "Dit is geweldig!", "Ik haat deze technologie"]

labels = [1, 0, 1, 0]  # 1 = positief, 0 = negatief

vectorizer = TfidfVectorizer()

X = vectorizer.fit_transform(zinnen)

model = LogisticRegression()

model.fit(X, labels)

test_zinnen = ["AI is fantastisch", "Dit is niet leuk"]

test_X = vectorizer.transform(test_zinnen)

print(model.predict(test_X))
```

Uitvoer:

```
from sklearn.feature_extraction.text import TfidfVectorizer
from sklearn.linear_model import LogisticRegression
zinnen = ["Ik hou van AI", "AI is saai", "Dit is geweldig!", "Ik haat deze technologie"]
labels = [1, 0, 1, 0]  # 1 = positief, 0 = negatief
vectorizer = TfidfVectorizer()
X = vectorizer.fit_transform(zinnen)
model = LogisticRegression()
model.fit(X, labels)
test_zinnen = ["AI is niet geweldig", "Dit is niet leuk"]
test_X = vectorizer.transform(test_zinnen)
print(model.predict(test_X))


[1 1]
```

Het model voorspelt of een nieuwe tekst positief of negatief is.

Chatbots en Tekstanalyse in de Praktijk

NLP wordt ook gebruikt om **chatbots** te bouwen die gebruikersvragen kunnen beantwoorden. Chatbots zijn computerprogramma's die zijn ontworpen om menselijke gesprekken te simuleren. Ze worden vaak gebruikt om klantenservice te bieden, vragen te beantwoorden of informatie te verstrekken. Chatbots kunnen variëren van eenvoudige, op regels gebaseerde systemen tot geavanceerde, AI-gestuurde systemen die natuurlijke taal kunnen begrijpen en genereren. NLP speelt een cruciale rol in de ontwikkeling van chatbots. Het stelt chatbots in staat om de input van de gebruiker te begrijpen, de intentie van de gebruiker te bepalen en een relevant antwoord te genereren. NLP-technieken zoals natuurlijke taalbegrip (NLU) en natuurlijke taalgeneratie (NLG) zijn essentieel voor het creëren van chatbots die op een natuurlijke en menselijke manier kunnen communiceren. Een eenvoudige chatbot kan werken met vaste regels, terwijl een geavanceerdere chatbot machine learning gebruikt.

Eenvoudige chatbot met regels:

```
while True:
    vraag = input("Stel een vraag: ").lower()
    if "hallo" in vraag:
        print("Hallo! Hoe kan ik helpen?")
    elif "ai" in vraag:
        print("AI staat voor Kunstmatige Intelligentie.")
    else:
        print("Sorry, dat begrijp ik niet.")
```

Samenvatting

In dit hoofdstuk hebben we geleerd hoe AI tekst kan begrijpen. We hebben gezien hoe we tekst kunnen voorbereiden, vectoriseren en analyseren met modellen zoals TF-IDF en Word2Vec. Tot slot hebben we sentimentanalyse uitgevoerd en een eenvoudige chatbot gemaakt. In de praktijk wordt NLP gebruikt voor toepassingen zoals chatbots, automatische samenvattingen en spamdetectie.

26. AI in de Praktijk – Model Deployment

In dit hoofdstuk leer je hoe je een getraind AI-model kunt exporteren en gebruiken in een echte toepassing. We bespreken hoe je een model opslaat en laadt, hoe je het toegankelijk maakt via een web-API en welke ethische overwegingen je moet maken bij het inzetten van AI.

Model Exporteren en Laden

Wanneer je een AI-model hebt getraind, wil je het opslaan zodat je het later kunt hergebruiken zonder opnieuw te hoeven trainen. Dit bespaart tijd en rekenkracht. In Python zijn er verschillende methoden om modellen op te slaan, afhankelijk van het type model dat je gebruikt.

Opslaan en Laden met Pickle

Voor eenvoudige machine learning-modellen die je met `scikit-learn` hebt getraind, kun je het model opslaan in de **Pickle**-bibliotheek. Pickle zet Python-objecten om in een bestand dat later weer kan worden ingeladen.

Voorbeeld: een getraind model opslaan:

```python
import pickle

from sklearn.linear_model import LogisticRegression

# Voorbeeld data

X = [[0], [1], [2], [3]]

y = [0, 0, 1, 1]

# Model trainen

model = LogisticRegression()

model.fit(X, y)
```

```
# Model opslaan

with open('model.pkl', 'wb') as file:

    pickle.dump(model, file)
```

Voorbeeld: een opgeslagen model laden en gebruiken

```
# Model laden

with open('model.pkl', 'rb') as file:

    loaded_model = pickle.load(file)

# Voorspelling maken

print(loaded_model.predict([[1.5]]))  # Verwacht output: [0]
```

Pickle is handig, maar heeft beperkingen. Het werkt alleen binnen Python en is niet geschikt voor deep learning-modellen.

Opslaan en Laden met TensorFlow SavedModel

Voor deep learning-modellen die met **TensorFlow/Keras** zijn getraind, gebruik je de **SavedModel**-indeling. Dit is efficiënter en compatibel met verschillende programmeertalen.

Voorbeeld: een neuraal netwerk opslaan

```
import tensorflow as tf

from tensorflow import keras

# Eenvoudig model maken

model = keras.Sequential([
```

```python
    keras.layers.Dense(10, activation='relu', input_shape=(4,)),

    keras.layers.Dense(1, activation='sigmoid')

])

# Model trainen (dummy data)

model.compile(optimizer='adam', loss='binary_crossentropy', metrics=['accuracy'])

model.fit([[0, 0, 0, 0], [1, 1, 1, 1]], [0, 1], epochs=5)

# Model opslaan

model.save('saved_model')
```

Voorbeeld: een TensorFlow-model laden en gebruiken

```python
# Model laden

loaded_model = keras.models.load_model('saved_model')

# Voorspelling maken

print(loaded_model.predict([[0, 1, 0, 1]]))  # Geeft een waarschijnlijkheid als output
```

TensorFlow SavedModel is flexibel en wordt gebruikt voor productie-implementaties.

AI-Model Integreren met een Web-API

Een opgeslagen model is nutteloos als het niet toegankelijk is voor andere systemen of gebruikers. Daarom zetten we het model om in een **web-API**, zodat externe programma's verzoeken kunnen sturen en voorspellingen kunnen ontvangen.

AI-Model Implementeren met Flask

Flask is een eenvoudige Python-webframework waarmee je snel een API kunt maken.

Voorbeeld: een Flask API maken voor het AI-model

```python
from flask import Flask, request, jsonify

import pickle

# Model laden

with open('model.pkl', 'rb') as file:

    model = pickle.load(file)

# Flask-app maken

app = Flask(__name__)

@app.route('/predict', methods=['POST'])

def predict():

    data = request.get_json()  # JSON-input van gebruiker

    input_data = [data['input']]  # Omzetten naar lijst

    prediction = model.predict(input_data)  # Voorspelling maken

    return jsonify({'prediction': prediction.tolist()})  # Resultaat terugsturen als JSON

if __name__ == '__main__':

    app.run(debug=True)
```

Dit script start een eenvoudige webserver. Je kunt de API testen met tools zoals Postman of via een Python-request.

Voorbeeld: een API-aanroep doen

```python
import requests

data = {'input': [1.5]}  # Input voor de AI

response = requests.post('http://127.0.0.1:5000/predict', json=data)  # API-aanroep

print(response.json())  # Output van de server
```

Nu kun je het AI-model extern gebruiken, bijvoorbeeld in een mobiele app of website.

AI-Model Implementeren met FastAPI

FastAPI is sneller dan Flask en ondersteunt automatisch documentatie.

Voorbeeld: een FastAPI API maken

```python
from fastapi import FastAPI

import pickle

# Model laden

with open('model.pkl', 'rb') as file:

    model = pickle.load(file)

# FastAPI-app maken

app = FastAPI()

@app.post('/predict')

def predict(input: float):

    prediction = model.predict([[input]])

    return {'prediction': prediction.tolist()}
```

FastAPI biedt automatische documentatie via `http://127.0.0.1:8000/docs`.

Ethiek en Bias in AI

AI-modellen kunnen onbedoeld discriminerende of oneerlijke beslissingen nemen. Dit komt vaak door **bias in data**.

Bias ontstaat wanneer het model getraind wordt op niet-representatieve data. Bijvoorbeeld:

- Een gezichtsherkenningsmodel dat alleen op lichtgekleurde gezichten is getraind, herkent donkere gezichten minder goed.
- Een AI-recruiting tool die voornamelijk mannelijke kandidaten aanbeveelt omdat historische data meer mannen bevatten.

Hoe voorkom je bias?

- Gebruik **diverse datasets**.
- Monitor en **test je model** regelmatig op eerlijkheid.
- Gebruik technieken zoals **bias-correctie** in AI-modellen.

AI en Automatisering – De Toekomst

AI wordt steeds vaker ingezet voor:

- Gezondheidszorg: Diagnoses en medicijnontwikkeling.
- Financiën: Fraudedetectie en kredietbeoordeling.
- Transport: Zelfrijdende auto's en verkeersoptimalisatie.

Hoewel AI veel voordelen heeft, is er ook kritiek:

- Privacy: AI-modellen kunnen gevoelige data gebruiken zonder dat gebruikers het weten.
- Werkgelegenheid: Automatisering vervangt sommige banen, maar creëert ook nieuwe.

AI zal zich blijven ontwikkelen. Het is belangrijk om als AI-ontwikkelaar **verantwoordelijkheid te nemen** bij het bouwen en inzetten van AI-systemen.

Samenvatting

In dit hoofdstuk heb je geleerd hoe je een AI-model kunt opslaan en laden met Pickle en TensorFlow. Je hebt ook gezien hoe je een AI-model toegankelijk kunt maken via een web-API met Flask en FastAPI. Tot slot hebben we stilgestaan bij ethische overwegingen en de toekomst van AI.

Beste lezer,

Je hebt nu de basisprincipes van AI-programmeren met Python onder de knie. Vanaf het begrijpen van data en machine learning tot het trainen, optimaliseren en deployen van modellen – je hebt een stevige fundering gelegd om verder te bouwen op je AI-kennis.

AI is een dynamisch en snelgroeiend vakgebied. De technieken en modellen die je vandaag hebt geleerd, evolueren voortdurend. Het is daarom belangrijk om nieuwsgierig te blijven en je vaardigheden up-to-date te houden door:

- Te experimenteren met nieuwe datasets en modellen.

- Online cursussen en documentatie te volgen (zoals TensorFlow, PyTorch en scikit-learn).

- Deel te nemen aan AI-communities en hackathons.

- Kritisch na te denken over de ethische implicaties van AI.

Onthoud dat AI niet alleen gaat over technologie, maar ook over de impact die het heeft op mensen en de maatschappij. Hoe jij AI inzet, bepaalt of het een positieve verandering teweegbrengt.

Dit boek was een eerste stap, maar AI-leren stopt nooit. Blijf oefenen, blijf onderzoeken en vooral: blijf bouwen.

Veel succes met jouw AI-reis!

www.ingramcontent.com/pod-product-compliance
Lightning Source LLC
LaVergne TN
LVHW062318060326
832902LV00013B/2281